KONSERVE VE KORUMA 2022

BU YEMEK KITABINDAKI 100 YEMEK TARIFI, YIYECEKLERIN NASIL KONSERVE EDILECEĞI VE MUHAFAZA EDILECEĞI: ET, SEBZE VE MEYVE.

EKIN SEVER

Tüm hakları Saklıdır.

sorumluluk reddi

Bu e-Kitapta yer alan bilgiler, bu e-Kitabın yazarının hakkında araştırma yaptığı kapsamlı bir stratejiler koleksiyonu olarak hizmet etmeyi amaçlamaktadır. Özetler, stratejiler, ipuçları ve püf noktaları yalnızca yazar tarafından tavsiye edilir ve bu e-Kitabı okumak kişinin sonuçlarının yazarın sonuçlarını tam olarak yansıtacağını garanti etmez. E-Kitabın yazarı, eKitabın okuyucularına güncel ve doğru bilgiler sağlamak için tüm makul çabayı göstermiştir. Yazar ve ortakları, bulunabilecek herhangi bir kasıtsız hata veya eksiklikten sorumlu tutulamaz. E-Kitaptaki materyal üçüncü şahısların bilgilerini içerebilir. Üçüncü taraf materyalleri, sahipleri tarafından ifade edilen görüşlerden oluşur. Bu nedenle, e-Kitabın yazarı herhangi bir üçüncü taraf materyali veya görüşü için sorumluluk veya yükümlülük üstlenmez.

E-Kitabın telif hakkı © 2021 olup tüm hakları saklıdır. Bu e-Kitabın tamamını veya bir kısmını yeniden dağıtmak, kopyalamak veya türev çalışmalar oluşturmak yasa dışıdır. Bu raporun hiçbir bölümü, yazarın yazılı ve imzalı izni olmadan herhangi bir biçimde çoğaltılamaz veya yeniden iletilemez veya herhangi bir biçimde yeniden iletilemez.

İÇİNDEKİLER

İÇİNDEKİLER5..
GİRİŞ9..
MEYVE & MEYVE ÜRÜNLERİ11..

    1. Elma yağı..12
    2. Baharatlı elma halkaları................................15
    3. Baharatlı yengeç elmaları..............................18
    4. Kavun turşusu..21
    5. Kızılcık portakal turşusu..............................25
    6. Mango turşusu..28
    7. Mango sosu...31
    8. Karışık meyve kokteyli.................................34
    9. Kabak-ananas...37
    10. Baharatlı kızılcık salsa.............................39
    11. Mango salsa..42
    12. Şeftali elmalı salsa.................................45

DOLGULAR49..

    13. Kıymalı turta dolgusu................................50
    14. Yeşil domatesli turta dolgusu........................53

DOMATES VE DOMATES ÜRÜNLERİ56..

    15. Etsiz spagetti sosu..................................57
    16. Etli spagetti sosu...................................60
    17. Meksika domates sosu.................................63
    18. Acı sos..66
    19. Acı biber sosu.......................................69
    20. Domates ketçap.......................................72
    21. Ülke batı ketçap.....................................75

22. BLENDER KETÇAP 78
23. ACI DOMATES-BIBER SOSU 82
24. ŞILI SALSA 85
25. TOMATILLO YEŞIL SALSA 88
26. DOMATES SALÇASI SALSA 91
27. DOMATES SALSA 94
28. DOMATES/YEŞIL ŞILI SALSA 97
29. DOMATES TACO SOSU 100
30. ŞILI CON CARNE 103

SEBZELER VE SEBZE ÜRÜNLERİ 106 ....

31. KARIŞIK SEBZELER 107
32. SUCCOTASH 110

FERMENTE VE TURŞU SEBZELER 113 ....

33. DEREOTU TURŞUSU 114
34. LAHANA TURŞUSU 118
35. TEREYAĞLI EKMEK TURŞUSU 122
36. TAZE DEREOTU TURŞUSU 125
37. TATLI KORNIŞON TURŞUSU 128
38. 14 GÜNLÜK TATLI TURŞU 132
39. HIZLI TATLI TURŞU 135
40. TURŞU KUŞKONMAZ 138
41. SALAMURA FASULYE 141
42. SALAMURA ÜÇ FASULYE SALATASI 144
43. SALAMURA PANCAR 147
44. TURŞU HAVUÇ 150
45. KARNABAHAR TURŞUSU/BRÜKSEL 153
46. CHAYOTE VE JICAMA SALATASI 156
47. EKMEK-TEREYAĞI TURŞUSU JICAMA 159
48. MARINE EDILMIŞ BÜTÜN MANTARLAR 162
49. SALAMURA BAMYA TURŞUSU 165
50. SALAMURA INCI SOĞAN 168
51. MARINE EDILMIŞ BIBER 171

52. Biber Turşusu...175
53. Turşu acı biber...178
54. Turşu jalapeno biber halkaları......................182
55. Turşu sarı biber halkaları...............................186
56. Salamura tatlı yeşil domates........................189
57. Salamura karışık sebzeler............................192
58. Salamura ekmek ve tereyağlı kabak............195
59. Chayote ve armut tadı...................................198
60. Pikcalilli..201
61. Turşu tadı..204
62. Salamura mısır aroması................................207
63. Turşu yeşil domates sosu.............................210
64. Turşu yaban turpu sosu................................213
65. Biber-soğan turşusu.....................................216
66. Baharatlı jicama tadı.....................................219
67. Keskin tomatillo lezzeti.................................223
68. Şeker ilavesiz pancar turşusu......................226
69. Tatlı salatalık turşusu....................................229
70. Sbitli dereotu turşusu232...........................
71. Dilimlenmiş tatlı turşu...................................235

REÇELLER VE JÖLELER 238..

72. Elma reçeli..239
73. Çilek-ravent jöle..242
74. Yabanmersini-baharat reçeli........................245
75. Üzüm-erik jölesi..248
76. Altın biber jölesi..251
77. Şeftali-ananas ezmesi..................................254
78. Soğutulmuş elma ezmesi.............................258
79. Buzdolabında üzüm serpme........................261
80. Pektin eklenmemiş elma jölesi.....................263
81. Pektin eklenmemiş elma marmelatı.............266
82. Pektin eklenmemiş böğürtlenli jöle...............269
83. Toz pektinli vişne jölesi.................................272

84. TOZ PEKTİNLİ VİŞNE REÇELİ..275
85. SIVI PEKTİNLİ İNCİR REÇELİ...278
86. TOZ PEKTİNLİ ÜZÜM JÖLESİ..281
87. SIVI PEKTİNLİ NANE ANANAS REÇELİ............................284
88. SIVI PEKTİNLİ KARIŞIK MEYVE JÖLESİ............................287
89. PORTAKALLI JÖLE..290
90. BAHARATLI PORTAKALLI JÖLE.....................................293
91. PORTAKAL MARMELATI...296
92. KAYISI-PORTAKAL KONSERVESİ....................................299
93. TOZ PEKTİNLİ ŞEFTALİ REÇELİ.....................................302
94. BAHARATLI YABANMERSİNİ-ŞEFTALİ REÇELİ...................305
95. ŞEFTALİ-PORTAKAL MARMELATI..................................308
96. SIVI PEKTİNLİ ANANAS REÇELİ....................................311
97. SIVI PEKTİNLİ ERİK JÖLESİ..314
98. PEKTİN EKLENMEMİŞ AYVA JÖLE.................................317
99. TOZ PEKTİNLİ ÇİLEK REÇELİ..320
100. TUTTI-FRUTTI REÇELİ..323

SONUÇ326..

GİRİİŞ

Evde konserve, yiyecekleri korumanın bir yolu olarak tanıtıldığından bu yana 180 yıl içinde büyük ölçüde değişti. Bilim adamları daha güvenli, daha kaliteli ürünler üretmenin yollarını buldular. Bu yayının ilk bölümü, konserve tekniklerinin dayandığı bilimsel ilkeleri açıklar, konserve ekipmanlarını tartışır ve kavanoz ve kapakların doğru kullanımını açıklar. Temel konserve malzemeleri ve prosedürleri ile bunların güvenli, yüksek kaliteli konserve ürünler elde etmek için nasıl kullanılacağını açıklar. Son olarak, yapıp yapamayacağınıza ve ne kadar yapabileceğinize karar vermenize yardımcı olur.

Bu yayının ikinci bölümü, belirli gıdalar için bir dizi konserve kılavuzudur. Bu kılavuzlar, şeker şurubu yapmak için ayrıntılı talimatlar sunar; ve meyve ve meyve ürünleri, domates ve domates ürünleri, sebzeler, kırmızı et, kümes hayvanları, deniz ürünleri, turşu ve çeşnilerin konservesi için. Meyveler, domatesler ve sebzeler için her bir talimat setine, doğru miktar ve kalitede çiğ gıdaların seçilmesine yönelik kullanışlı kılavuzlar eşlik eder. Çoğu tarif, tam bir kutu dolusu pint veya quart verecek şekilde tasarlanmıştır. Son olarak, her yiyecek için deniz seviyesinden yükseklikler için işleme ayarlamaları verilmiştir.

MEYVE & MEYVE ÜRÜNLERİ

1. Elma yağı

İçindekiler:

- 8 kilo elma
- 2 bardak elma şarabı
- 2 su bardağı sirke
- 2-1/4 su bardağı beyaz şeker
- 2-1/4 su bardağı paketlenmiş esmer şeker
- 2 yemek kaşığı öğütülmüş tarçın
- 1 yemek kaşığı öğütülmüş karanfil

Verim: Yaklaşık 8 ila 9 pint

Talimatlar:

a) Yıkayın, sapları, dörde bölün ve çekirdek meyveleri çıkarın. Elma şarabı ve sirkede yumuşayana kadar yavaşça pişirin. Meyveleri bir kevgir, yemek değirmeni veya süzgeçten geçirin. Meyve hamurunu şeker ve baharatlarla sık sık karıştırarak pişirin.

b) Pişip pişmediğini test etmek için bir kaşık dolusu alın ve 2 dakika buhardan uzak tutun. Tereyağı kaşık üzerinde kalırsa yapılır. Tereyağının yeterince pişip pişmediğini belirlemenin bir başka yolu da bir tabağa küçük bir miktar kaşık koymaktır. Tereyağının kenarında bir sıvı kenarı ayrılmadığında, konserve için hazırdır. 1/4 inçlik üst boşluk bırakarak steril yarım litrelik veya yarım litrelik kavanozlara sıcak doldurun.

c) Kavanozların kenarlarını nemli temiz bir kağıt havluyla silin. Kapakları ayarlayın ve işlem yapın.

2. Baharatlı elma halkaları

İçindekiler:

- 12 lbs sert elma (maksimum çap, 2-1 / 2 inç)
- 12 su bardağı şeker
- 6 su bardağı su
- 1-1/4 su bardağı beyaz sirke (%5)
- 3 yemek kaşığı bütün karanfil
- 3/4 fincan kırmızı sıcak tarçınlı şeker veya
- 8 çubuk tarçın ve
- 1 çay kaşığı kırmızı gıda boyası (isteğe bağlı)

Verim: Yaklaşık 8 ila 9 pint

Talimatlar:

a) Elmaları yıkayın. Renk bozulmasını önlemek için, her seferinde bir elmayı soyun ve dilimleyin. Derhal 1/2 inçlik dilimler halinde çapraz olarak kesin, bir kavun balya makinesi ile çekirdek alanını çıkarın ve askorbik asit çözeltisine daldırın.

b) Aromalı şurup yapmak için 6 litrelik bir tencerede şeker, su, sirke, karanfil, tarçınlı şekerler veya tarçın çubukları ve gıda boyasını birleştirin. Karıştırın, kaynatın ve 3 dakika pişirin.

c) Elmaları süzün, sıcak şuruba ekleyin ve 5 dakika pişirin. Sıcak kavanozları (tercihen geniş ağızlı) elma halkaları ve sıcak aromalı şurupla doldurun ve 1/2-inç üst boşluk bırakın.

d) Hava kabarcıklarını çıkarın ve gerekirse üst boşluğu ayarlayın. Kavanozların kenarlarını nemli temiz bir kağıt havluyla silin.

e) Kapakları ayarlayın ve işlem yapın.

3. baharatlı yengeç elma

İçindekiler:

- 5 kilo yengeç elma
- 4-1 / 2 su bardağı elma sirkesi (%5)
- 3-3/4 su bardağı su
- 7-1 / 2 su bardağı şeker
- 4 çay kaşığı bütün karanfil
- 4 çubuk tarçın
- Altı 1/2-inç küp taze zencefil kökü

Verim: Yaklaşık 9 pint

Talimatlar:

a) Çiçek yapraklarını çıkarın ve elmaları yıkayın, ancak sapları bağlı bırakın. Her elmanın kabuğunu bir buz kıracağı veya kürdan ile dört kez delin. Sirke, su ve şekeri karıştırın ve kaynatın.

b) Bir baharat torbasına veya tülbent içine bağlanmış baharatları ekleyin. Bir ağartma sepeti veya elek kullanarak, elmaların 1/3'ünü kaynayan sirke/şurup solüsyonuna 2 dakika boyunca daldırın. Pişmiş elmaları ve baharat torbasını 1 veya 2 galonluk temiz bir kaba koyun ve sıcak şurubu ekleyin.

c) Örtün ve bir gece bekletin. Baharat torbasını çıkarın, şurubu büyük bir tencereye boşaltın ve kaynayana kadar tekrar ısıtın. Sıcak bira kavanozlarını elmalar ve sıcak şurupla doldurun, 1/2-inç boşluk bırakın. Hava kabarcıklarını çıkarın ve gerekirse üst boşluğu ayarlayın.

d) Kavanozların kenarlarını nemli temiz bir kağıt havluyla silin. Kapakları ayarlayın ve işlem yapın.

4. kavun turşusu

İçindekiler:

- 5 lbs 1 inç kavun küpleri
- 1 çay kaşığı ezilmiş kırmızı biber gevreği
- 2 bir inç tarçın çubuğu
- 2 çay kaşığı öğütülmüş karanfil
- 1 çay kaşığı öğütülmüş zencefil
- 4-1/2 bardak elma sirkesi (% 5)
- 2 bardak su
- 1-1/2 su bardağı beyaz şeker
- 1-1/2 bardak paketlenmiş açık kahverengi şeker

Verim: Yaklaşık 4 pint kavanoz

Talimatlar:

Birinci gün:

a) Kavunu yıkayın ve ikiye bölün; tohumları çıkarın. 1 inçlik dilimler halinde kesin ve soyun. Et şeritlerini 1 inç küpler halinde kesin.

b) 5 kilo parçayı tartın ve büyük bir cam kaseye koyun. Bir baharat torbasına kırmızı pul biber, çubuk tarçın, karanfil ve zencefili koyun ve uçlarını sıkıca bağlayın.

c) 4 litrelik bir tencerede sirke ve suyu birleştirin. Bir kaynamaya getirin, ardından ısıyı kapatın. Sirke-su karışımına baharat torbası ekleyin ve ara sıra karıştırarak 5 dakika demlenmesini bekleyin. Kasedeki kavun parçalarının üzerine sıcak sirke solüsyonu ve baharat torbası dökün. Gıda sınıfı plastik bir kapakla örtün veya sarın ve buzdolabında bir gece bekletin (yaklaşık 18 saat).

İkinci Gün:

d) 8-10 litrelik büyük bir tencereye sirke çözeltisini dikkatlice dökün ve kaynatın. Şeker ekle; çözmek için karıştırın. Kavun ekleyin ve tekrar kaynatın. Isıyı azaltın ve kavun parçaları yarı saydam hale gelene kadar pişirin (yaklaşık 1 ila 1-1/4 saat). Kavun parçalarını orta boy bir tencereye alın, örtün ve bir kenara koyun.

e) Kalan sıvıyı kaynatın ve 5 dakika daha kaynatın. Kavunu sıvı şuruba döndürün ve tekrar kaynatın. Oluklu bir kaşıkla, sıcak kavun parçalarını 1 inçlik üst boşluk bırakarak sıcak bira kavanozlarına doldurun. 1/2-inç üst boşluk bırakarak kaynar sıcak şurupla örtün.

f) Hava kabarcıklarını çıkarın ve gerekirse üst boşluğu ayarlayın. Kavanozların kenarlarını nemli temiz bir kağıt havluyla silin. Kapakları ayarlayın ve işlem yapın.

5. kızılcık portakal turşusu

İçindekiler:

- 24 ons taze bütün kızılcık
- 2 su bardağı doğranmış beyaz soğan
- 2 su bardağı altın kuru üzüm
- 1-1 / 2 su bardağı beyaz şeker
- 1-1 / 2 su bardağı paketlenmiş esmer şeker
- 2 su bardağı beyaz damıtılmış sirke (%5)
- 1 su bardağı portakal suyu
- 4 çay kaşığı soyulmuş, rendelenmiş taze zencefil
- 3 çubuk tarçın

Verim: Yaklaşık 8 yarım litre kavanoz

Talimatlar:

a) Kızılcıkları güzelce yıkayın. Tüm malzemeleri büyük bir Hollanda fırınında birleştirin. Yüksek ateşte kaynatın; ısıyı azaltın ve 15 dakika veya kızılcıklar yumuşayana kadar hafifçe pişirin. Kavurmayı önlemek için sık sık karıştırın.

b) Tarçın çubuklarını çıkarın ve atın. Sıcak Hint turşusunu yarım litrelik sıcak kavanozlara doldurun ve 1/2-inç boşluk bırakın.

c) Hava kabarcıklarını çıkarın ve gerekirse üst boşluğu ayarlayın. Kavanozların kenarlarını nemli temiz bir kağıt havluyla silin. Kapakları ayarlayın ve işlem yapın.

6. Mango Chutney

İçindekiler:

- 11 bardak veya 4 lbs doğranmış olgunlaşmamış mango
- 2-1/2 su bardağı doğranmış sarı soğan
- 2-1/2 yemek kaşığı rendelenmiş taze zencefil
- 1-1/2 yemek kaşığı doğranmış taze sarımsak
- 4-1/2 su bardağı şeker
- 3 su bardağı beyaz damıtılmış sirke (%5)
- 2-1/2 su bardağı altın kuru üzüm
- 1-1 çay kaşığı konserve tuzu
- 4 çay kaşığı pul biber

Verim: Yaklaşık 6 pint kavanoz

Talimatlar:

a) Tüm ürünleri iyi yıkayın. Mangoları soyun, çekirdeklerini çıkarın ve 3/4 inç küpler halinde doğrayın. Mango küplerini mutfak robotunda her bir mutfak robotu partisi için birer saniyelik 6 darbe kullanarak doğrayın. (Püre haline getirmeyin veya çok ince doğramayın.)

b) Soğanı elle soyun ve doğrayın, sarımsağı doğrayın ve zencefili rendeleyin. Şeker ve sirkeyi 8 ila 10 litrelik bir stok kabında karıştırın. Kaynatın ve 5 dakika kaynatın. Diğer tüm malzemeleri ekleyin ve tekrar kaynatın.

c) Isıyı azaltın ve ara sıra karıştırarak 25 dakika pişirin. 1/2-inç üst boşluk bırakarak sıcak Hint turşusunu sıcak bira bardağı veya yarım litrelik kavanozlara doldurun. Hava kabarcıklarını çıkarın ve gerekirse üst boşluğu ayarlayın.

d) Kavanozların kenarlarını nemli temiz bir kağıt havluyla silin. Kapakları ayarlayın ve işlem yapın.

7. mango sosu

İçindekiler:

- 5-1/2 bardak veya 3-1/4 lbs mango püresi
- 6 yemek kaşığı bal
- 4 yemek kaşığı şişelenmiş limon suyu
- 3/4 su bardağı şeker
- 2-1/2 çay kaşığı (7500 miligram) askorbik asit
- 1/8 çay kaşığı öğütülmüş tarçın
- 1/8 çay kaşığı öğütülmüş hindistan cevizi

Verim: Yaklaşık 6 yarım litre kavanoz

Talimatlar:

a) Mango etini yıkayın, soyun ve tohumdan ayırın. Mango etini parçalara ayırın ve pürüzsüz olana kadar blender veya mutfak robotunda püre haline getirin.

b) Tüm malzemeleri 6 ila 8 litrelik bir Hollanda fırınında veya stok kabında birleştirin ve karışım 200 °F'ye ulaşana kadar sürekli karıştırarak orta-yüksek ateşte ısıtın.

c) Karışım ısıtılırken sıçrayacaktır, bu nedenle cildi yakmamak için eldiven veya fırın eldiveni giydiğinizden emin olun. Sıcak sosu yarım litrelik sıcak kavanozlara doldurun ve 1/4 inçlik üst boşluk bırakın.

d) Hava kabarcıklarını çıkarın ve gerekirse üst boşluğu ayarlayın. Kavanozların kenarlarını nemli temiz bir kağıt havluyla silin. Kapakları ayarlayın ve işlem yapın.

8. Karışık meyve kokteyli

İçindekiler:

- 3 kilo şeftali
- 3 kilo armut
- 1-1 / 2 libre biraz olgunlaşmamış çekirdeksiz yeşil üzüm
- 10 oz kavanoz maraschino kirazı
- 3 su bardağı şeker
- 4 su bardağı su

Verim: Yaklaşık 6 pint

Talimatlar:

a) Üzümleri saplayın ve yıkayın ve askorbik asit solüsyonunda saklayın.

b) Olgun fakat sert şeftalileri, her seferinde birkaç tane olmak üzere, kabuklarını gevşetmek için 1 ila 1-1 / 2 dakika kaynar suya batırın.

c) Soğuk suya batırın ve derileri kaydırın. Yarıya bölün, çukurları çıkarın, 1/2-inç küpler halinde kesin ve üzümlerle birlikte çözelti içinde tutun. Armutları soyun, ikiye bölün ve çekirdeklerini çıkarın.

d) 1/2-inç küpler halinde kesin ve üzüm ve şeftali ile solüsyonda saklayın.

e) Şeker ve suyu bir tencerede birleştirin ve kaynatın. Karışık meyveleri boşaltın. Her bir sıcak kavanoza 1/2 fincan sıcak şurup ekleyin.

f) Daha sonra birkaç kiraz ekleyin ve kavanozu hafifçe karışık meyve ve daha fazla sıcak şurupla doldurun ve 1/2 inç üst boşluk bırakın.

g) Hava kabarcıklarını çıkarın ve gerekirse üst boşluğu ayarlayın. Kavanozların kenarlarını nemli temiz bir kağıt havluyla silin.

h) Kapakları ayarlayın ve işlem yapın.

9. kabak-ananas

İçindekiler:

- 4 litre küp veya rendelenmiş kabak
- 46 oz konserve şekersiz ananas suyu
- 1-1/2 bardak şişelenmiş limon suyu
- 3 su bardağı şeker

Verim: Yaklaşık 8 ila 9 pint

Talimatlar:

a) Kabak soyun ve 1/2-inç küpler halinde kesin veya parçalayın. Kabakları büyük bir tencerede diğer malzemelerle karıştırın ve kaynatın. 20 dakika kaynatın.

b) Sıcak kavanozları sıcak karışım ve pişirme sıvısı ile doldurun, 1/2-inç üst boşluk bırakın. Hava kabarcıklarını çıkarın ve gerekirse kafa boşluğunu ayarlayın. Kavanozların kenarlarını nemli temiz bir kağıt havluyla silin. Kapakları ayarlayın ve işlem yapın.

10. Baharatlı kızılcık salsa

İçindekiler:

- 6 su bardağı doğranmış kırmızı soğan
- 4 adet doğranmış büyük Serrano biberi
- 1-1/2 su bardağı su
- 1-1/2 su bardağı elma sirkesi (%5)
- 1 yemek kaşığı konserve tuzu
- 1-1/3 su bardağı şeker
- 6 yemek kaşığı yonca balı
- 12 su bardağı (2-3/4 lbs) durulanmış, taze bütün kızılcık

Verim: Yaklaşık 6 pint kavanoz

Talimatlar:

a) Büyük bir Hollanda fırında kızılcık hariç tüm malzemeleri birleştirin. Yüksek ateşte kaynatın; ısıyı biraz azaltın ve 5 dakika hafifçe kaynatın.

b) Kızılcıkları ekleyin, ısıyı biraz azaltın ve karışımı 20 dakika pişirin, ara sıra karıştırarak kavurmayı önleyin. Sıcak karışımı, 1/4 inçlik üst boşluk bırakarak sıcak bira kavanozlarına doldurun. Kavanozları doldururken tencereyi kısık ateşte bırakın.

c) Hava kabarcıklarını çıkarın ve gerekirse üst boşluğu ayarlayın. Kavanozların kenarlarını nemli temiz bir kağıt havluyla silin. Kapakları ayarlayın ve işlem yapın.

11. Mango Salsa

İçindekiler:

- 6 su bardağı doğranmış olgunlaşmamış mango
- 1-1 / 2 su bardağı doğranmış kırmızı dolmalık biber
- 1/2 su bardağı doğranmış sarı soğan
- 1/2 çay kaşığı ezilmiş kırmızı biber gevreği
- 2 çay kaşığı doğranmış sarımsak
- 2 çay kaşığı kıyılmış zencefil
- 1 su bardağı açık kahverengi şeker
- 1-1/4 su bardağı elma sirkesi (%5)
- 1/2 su bardağı su

Verim: Yaklaşık 6 yarım litre kavanoz

Talimatlar:

a) Tüm ürünleri iyi yıkayın. Mangoyu soyun ve 1/2-inç küpler halinde doğrayın.

Dolmalık biberi 1/2-inç parçalar halinde doğrayın. Sarı soğanları doğrayın.

b) Tüm malzemeleri 8 litrelik bir Hollanda fırınında veya stok yerinde birleştirin. Şekeri çözmek için karıştırarak yüksek ateşte kaynatın.

c) Kaynamaya azaltın ve 5 dakika pişirin. Sıcak katıları yarım litrelik sıcak kavanozlara doldurun ve 1/2 inçlik üst boşluk bırakın. 1/2-inç üst boşluk bırakarak sıcak sıvı ile örtün.

d) Hava kabarcıklarını çıkarın ve gerekirse üst boşluğu ayarlayın. Kavanozların kenarlarını nemli temiz bir kağıt havluyla silin. Kapakları ayarlayın ve işlem yapın.

12. Şeftali elmalı salsa

İçindekiler:

- 6 su bardağı doğranmış Roma domatesi
- 2-1/2 su bardağı doğranmış sarı soğan
- 2 su bardağı doğranmış yeşil biber
- 10 bardak doğranmış sert, olgunlaşmamış şeftali
- 2 bardak doğranmış Granny Smith elmaları
- 4 yemek kaşığı karışık dekapaj baharatı
- 1 yemek kaşığı konserve tuzu
- 2 çay kaşığı ezilmiş kırmızı biber gevreği
- 3-3/4 su bardağı (1-1/4 pound) paketlenmiş açık kahverengi şeker
- 2-1/4 su bardağı elma sirkesi (%5)

Verim: Yaklaşık 7 pint kavanoz

Talimatlar:

a) Dekapaj baharatını temiz, çift katmanlı, 6 inç karelik %100 tülbent parçasının üzerine koyun. Köşeleri bir araya getirin ve temiz bir iple bağlayın. (Ya da satın alınan bir muslin baharat torbası kullanın).

b) Domatesleri yıkayın ve soyun (yıkanmış domatesleri kaynar suda 1 dakika bekletin, hemen soğuk suya koyun ve kabuklarını soyun).

c) 1/2-inç parçalar halinde doğrayın. Soğanları soyun, yıkayın ve 1/4 inçlik parçalar halinde doğrayın. Biberleri yıkayın, çekirdeklerini çıkarın ve tohumlayın; 1/4 inçlik parçalar halinde doğrayın.

d) Doğranmış domatesleri, soğanları ve biberleri 8 veya 10 litrelik bir Hollanda fırını veya sos tenceresinde birleştirin. Şeftalileri yıkayın, soyun ve çekirdeklerini çıkarın; yarıya bölün ve askorbik asit solüsyonunda (yarım galon suda 1500 mg) 10 dakika bekletin.

e) Elmaları yıkayın, soyun ve çekirdeklerini çıkarın; ikiye bölün ve askorbik asit solüsyonunda 10 dakika bekletin.

f) Kızarmayı önlemek için şeftalileri ve elmaları 1/2-inç küpler halinde hızlıca doğrayın. Doğranmış şeftali ve elmaları sebzelerle birlikte tencereye ekleyin. Dekapaj baharat torbasını tencereye ekleyin; tuzu, kırmızı pul biberi, esmer şekeri ve sirkeyi karıştırın.

g) Kaynamaya bırakın, malzemeleri karıştırmak için hafifçe karıştırın. Isıyı azaltın ve ara sıra karıştırarak 30 dakika pişirin. Baharat torbasını tavadan çıkarın ve atın. Oluklu bir kaşıkla, salsa katılarını sıcak bira kavanozlarına doldurun ve 1-1/4 inçlik boşluk bırakın (her kavanozda yaklaşık 3/4 pound katı).

h) 1/2-inç üst boşluk bırakarak pişirme sıvısı ile kaplayın.

i) Hava kabarcıklarını çıkarın ve gerekirse üst boşluğu ayarlayın. Kavanozların kenarlarını nemli temiz bir kağıt havluyla silin. Kapakları ayarlayın ve işlem yapın.

DOLGULAR

13. Kıymalı turta doldurma

İçindekiler:

- 2 su bardağı kıyılmış süet
- 4 lb kıyma veya 4 lb kıyma ve 1 lb sosis
- 5 litre doğranmış elma
- 2 kilo koyu çekirdeksiz kuru üzüm
- 1 kilo beyaz kuru üzüm
- 2 litre elma şarabı
- 2 yemek kaşığı öğütülmüş tarçın
- 2 çay kaşığı öğütülmüş hindistan cevizi
- 5 su bardağı şeker
- 2 yemek kaşığı tuz

Verim: Yaklaşık 7 litre

Talimatlar:

a) Eti ve yufkayı kararmaması için suda pişirin. Elmaları soyun, çekirdeklerini çıkarın ve dörde bölün. Orta boy bir bıçak kullanarak et, süet ve elmaları yiyecek öğütücüsünden geçirin.

b) Tüm malzemeleri büyük bir tencerede birleştirin ve 1 saat veya hafifçe koyulaşana kadar pişirin. Sık sık karıştırın.

c) Sıcak kavanozları karışımla gecikmeden doldurun ve 1 inçlik üst boşluk bırakın.

d) Hava kabarcıklarını çıkarın ve gerekirse üst boşluğu ayarlayın. Kavanozların kenarlarını nemli temiz bir kağıt havluyla silin.

e) Kapakları ayarlayın ve işlem yapın.

14. Yeşil domatesli turta dolgusu

İçindekiler:

- 4 litre doğranmış yeşil domates
- 3 litre soyulmuş ve doğranmış tart elma
- 1 lb. koyu çekirdeksiz kuru üzüm
- 1 kilo beyaz kuru üzüm
- 1/4 su bardağı kıyılmış ağaç kavunu, limon veya portakal kabuğu
- 2 su bardağı su
- 2-1/2 su bardağı esmer şeker
- 2-1/2 su bardağı beyaz şeker
- 1/2 su bardağı sirke (%5)
- 1 su bardağı şişe limon suyu
- 2 yemek kaşığı öğütülmüş tarçın
- 1 çay kaşığı öğütülmüş hindistan cevizi
- 1 çay kaşığı öğütülmüş karanfil

Verim: Yaklaşık 7 litre

Talimatlar:

a) Tüm malzemeleri büyük bir tencerede birleştirin. Yavaşça, sık sık karıştırarak, yumuşayana ve hafifçe kalınlaşana kadar pişirin (yaklaşık 35 ila 40 dakika).

b) Sıcak kavanozları sıcak karışımla doldurun, 1/2-inç üst boşluk bırakın.

c) Hava kabarcıklarını çıkarın ve gerekirse üst boşluğu ayarlayın. Kavanozların kenarlarını nemli temiz bir kağıt havluyla silin.

d) Kapakları ayarlayın ve işlem yapın.

DOMATES & DOMATES ÜRÜNLERİ

15. Etsiz spagetti sosu

İçindekiler:

- 30 kilo domates
- 1 su bardağı doğranmış soğan
- 5 diş sarımsak, kıyılmış
- 1 su bardağı doğranmış kereviz veya yeşil biber
- 1 lb taze mantar, dilimlenmiş (isteğe bağlı)
- 4-1/2 çay kaşığı tuz
- 2 yemek kaşığı kekik
- 4 Yemek kaşığı kıyılmış maydanoz
- 2 çay kaşığı kara biber
- 1/4 su bardağı esmer şeker
- 1/4 su bardağı bitkisel yağ

Verim: Yaklaşık 9 pint

Talimatlar:

a) Soğan, biber veya mantar oranını artırmayın. Domatesleri yıkayın ve 30 ila 60 saniye veya kabukları ayrılana kadar kaynar suya daldırın. Soğuk suya batırın ve derileri kaydırın. Çekirdekleri ve çeyrek domatesleri çıkarın.

b) Büyük bir tencerede kapağı kapalı olarak 20 dakika kaynatın. Gıda değirmeninden veya elekten geçirin. Soğan, sarımsak, kereviz veya biber ve mantarları (istenirse) yumuşayana kadar bitkisel yağda soteleyin.

c) Sotelenmiş sebzeleri ve domatesleri birleştirin ve kalan baharatları, tuzu ve şekeri ekleyin. Kaynamaya getirin. Servis için yeterince kalın olana kadar kapağı açık olarak pişirin.

d) Şu anda, başlangıç hacmi neredeyse yarı yarıya azaltılmış olacaktır. Yanmayı önlemek için sık sık karıştırın. 1 inçlik üst boşluk bırakarak sıcak kavanozları doldurun.

e) Hava kabarcıklarını çıkarın ve gerekirse üst boşluğu ayarlayın. Kavanozların

kenarlarını nemli temiz bir kağıt havluyla silin.

f) Kapakları ayarlayın ve işlem yapın.

16. Etli spagetti sosu

İçindekiler:

- 30 kilo domates
- 2-1/2 lbs kıyma veya sosis
- 5 diş sarımsak, kıyılmış
- 1 su bardağı doğranmış soğan
- 1 su bardağı doğranmış kereviz veya yeşil biber
- 1 lb taze mantar, dilimlenmiş (isteğe bağlı)
- 4-1/2 çay kaşığı tuz
- 2 yemek kaşığı kekik
- 4 Yemek kaşığı kıyılmış maydanoz
- 2 çay kaşığı kara biber
- 1/4 su bardağı esmer şeker

Verim: Yaklaşık 9 pint

Talimatlar:

a) Domates hazırlamak için Etsiz Spagetti Sosu talimatlarını izleyin.

b) Sığır eti veya sosisleri kahverengi olana kadar soteleyin. Sarımsak, soğan, kereviz veya yeşil biber ve istenirse mantar ekleyin. Sebzeler yumuşayana kadar pişirin. Büyük bir tencerede domates püresi ile birleştirin.

c) Baharatları, tuzu ve şekeri ekleyin. Kaynamaya getirin. Servis için yeterince kalın olana kadar kapağı açık olarak pişirin. Şu anda başlangıç hacmi neredeyse yarı yarıya azaltılmış olacaktır. Yanmayı önlemek için sık sık karıştırın.

d) 1 inçlik üst boşluk bırakarak sıcak kavanozları doldurun.

e) Hava kabarcıklarını çıkarın ve gerekirse üst boşluğu ayarlayın. Kavanozların kenarlarını nemli temiz bir kağıt havluyla silin.

f) Kapakları ayarlayın ve işlem yapın.

17. Meksika domates sosu

İçindekiler:

- 2-1/2 ila 3 lbs şili biber
- 18 kilo domates
- 3 su bardağı doğranmış soğan
- 1 yemek kaşığı tuz
- 1 yemek kaşığı kekik
- 1/2 bardak sirke

Verim: Yaklaşık 7 litre

Talimatlar:

a) Biberleri yıkayıp kurulayın. Buharın çıkmasını sağlamak için her bir biberi kenarlarından kesin.

b) Biberleri kabukları kabarana kadar birkaç dakika ocakta bekletin.

c) Kabukları kabardıktan sonra biberleri bir tencereye koyun ve nemli bir bezle örtün. (Biberlerin soyulması daha kolay olacaktır.) Birkaç dakika soğutun; derileri soyun. Tohumları atın ve biberleri doğrayın.

d) Domatesleri yıkayın ve 30 ila 60 saniye veya kabukları ayrılana kadar kaynar suya daldırın. Soğuk suya batırın, kabukları soyun ve çekirdeklerini çıkarın.

e) Domatesleri irice doğrayın ve doğranmış biberleri ve kalan malzemeleri büyük bir tencerede birleştirin. Kaynamaya getirin. Örtmek.

f) Isıyı azaltın ve 10 dakika pişirin.

18. Acı sos

İçindekiler:

- 1-1 / 2 su bardağı tohumlu, doğranmış Serrano biberi
- 4 su bardağı damıtılmış beyaz sirke (%5)
- 2 çay kaşığı konserve tuzu
- 2 yemek kaşığı bütün karışık dekapaj baharatları

Verim: Yaklaşık 4 yarım pint

Talimatlar:

a) Karışık dekapaj baharatlarını bir baharat torbasına koyun ve uçlarını sıkıca bağlayın. Tüm malzemeleri bir Hollanda fırınında veya büyük bir tencerede karıştırın. Bir kaynamaya getirin, ara sıra karıştırarak. Domatesler yumuşayana kadar 20 dakika daha pişirin. Karışımı bir gıda değirmeninden geçirin.

b) Sıvıyı tekrar tencereye alın, kaynama noktasına kadar ısıtın ve 15 dakika daha kaynatın.

c) Sıcak sosu yarım litrelik sıcak kavanozlara doldurun ve 1/4 inçlik üst boşluk bırakın. Hava kabarcıklarını çıkarın ve gerekirse kafa boşluğunu ayarlayın. Kavanozların kenarlarını nemli temiz bir kağıt havluyla silin.

d) Kapakları ayarlayın ve işlem yapın.

19. Acı biber sosu

İçindekiler:

- 3 kilo acı biber
- 1/3 su bardağı kıyılmış sarımsak
- 4 su bardağı dilimlenmiş soğan
- 1/3 bardak saplı, doğranmış kişniş
- 3 kutu (her biri 28 ons) doğranmış domates
- 3 su bardağı elma sirkesi (%5)
- 2-1/2 su bardağı su

Verim: Yaklaşık 5 pint

Talimatlar:

a) Biberleri ve soğanları bir mandolin dilimleyici veya bir mutfak robotu kullanarak yıkayın, kesin ve halkalar halinde dilimleyin. 10 litrelik bir Hollanda fırında veya stokta, tüm malzemeleri birlikte karıştırın. Kaynatın ve 1 saat kaynatın. Isıyı biraz azaltın ve 1 saat daha pişirin. Isıyı kapatın ve karışımı hafifçe soğutun.

b) Sebzeleri bir karıştırıcıda, her bir blender partisi için yaklaşık 2 dakika püre haline getirin. Püre haline getirilmiş karışımı depoya geri koyun ve dikkatlice kaynatın. Isıyı kapatın.

c) 1/2-inç üst boşluk bırakarak sıcak sosu sıcak bira kavanozlarına doldurun. Hava kabarcıklarını çıkarın ve gerekirse üst boşluğu ayarlayın. Kavanozların kenarlarını nemli temiz bir kağıt havluyla silin.

d) Kapakları ayarlayın ve işlem yapın.

20. Domates ketçabı

İçindekiler:

- 24 kilo olgun domates
- 3 su bardağı doğranmış soğan
- 3/4 çay kaşığı öğütülmüş kırmızı biber (acı)
- 3 su bardağı elma sirkesi (%5)
- 4 çay kaşığı bütün karanfil
- 3 çubuk tarçın, ezilmiş
- 1-1/2 çay kaşığı bütün yenibahar
- 3 yemek kaşığı kereviz tohumu
- 1-1/2 su bardağı şeker
- 1/4 su bardağı tuz

Verim: 6 ila 7 pint

Talimatlar:

a) Domatesleri yıkayın. 30 ila 60 saniye veya deriler ayrılana kadar kaynar suya batırın. Soğuk suya batırın. Kabukları soyun ve çekirdekleri çıkarın. 4 galonluk bir tencereye veya büyük bir su ısıtıcısına çeyrek domates. Soğan ve kırmızı biberi ekleyin. Kaynatın ve kapaksız 20 dakika pişirin. Örtün, ısıyı kapatın ve 20 dakika bekletin.

b) Baharatları bir baharat torbasında birleştirin ve 2 litrelik bir tencerede sirke ekleyin.

c) Kaynatın. Baharat torbasını çıkarın ve sirke ve domates karışımını birleştirin. Yaklaşık 30 dakika kaynatın. Haşlanmış karışımı bir gıda değirmeni veya elekten geçirin. Tencereye dön.

d) Şeker ve tuzu ekleyin, hafifçe kaynatın ve hacim yarı yarıya azalana veya karışım kaşıkta ayrılmadan topaklaşana kadar sık sık karıştırın. 1/8-inç boşluk bırakarak sıcak bira kavanozlarını doldurun.

e) Hava kabarcıklarını çıkarın ve gerekirse üst boşluğu ayarlayın. Kavanozların kenarlarını nemli temiz bir kağıt havluyla silin.

f) Kapakları ayarlayın ve işlem yapın.

21. Ülke batı ketçap

İçindekiler:

- 24 kilo olgun domates
- 5 şili biber, dilimlenmiş ve çekirdekleri çıkarılmış
- 1/4 su bardağı tuz
- 2-2/3 su bardağı sirke (%5)
- 1-1/4 su bardağı şeker
- 1/2 çay kaşığı öğütülmüş kırmızı biber (acı)
- 4 çay kaşığı kırmızı biber
- 4 çay kaşığı bütün yenibahar
- 4 çay kaşığı kuru hardal
- 1 yemek kaşığı bütün karabiber
- 1 çay kaşığı hardal tohumu
- 1 yemek kaşığı defne yaprağı

Verim: 6 ila 7 pint

Talimatlar:

a) Normal domates ketçapı için prosedürü ve işlem süresini takip edin.

22. blender ketçap

İçindekiler:

- 24 kilo olgun domates
- 2 kilo soğan
- 1 kilo tatlı kırmızı biber
- 1 kilo tatlı yeşil biber
- 9 su bardağı sirke (%5)
- 9 su bardağı şeker
- 1/4 su bardağı konserve veya dekapaj tuzu
- 3 yemek kaşığı kuru hardal
- 1-1 / 2 yemek kaşığı öğütülmüş kırmızı biber
- 1-1 / 2 çay kaşığı bütün yenibahar
- 1-1 / 2 yemek kaşığı bütün karanfil
- 3 çubuk tarçın

Verim: Yaklaşık 9 pint

Talimatlar:

a) Domatesleri yıkayın ve 30 ila 60 saniye veya kabukları ayrılana kadar kaynar suya daldırın. Ardından soğuk suya daldırın, kabukları, çekirdeği ve çeyreği çıkarın. Biberlerin çekirdeklerini çıkarın ve şeritler halinde kesin. Soğanları soyun ve dörde bölün.

b) Domates, biber ve soğanı elektrikli blenderda 5 saniye yüksek devirde karıştırın. 3-4 galonluk bir tencereye veya büyük su ısıtıcısına dökün ve ısıtın. Sık sık karıştırarak 60 dakika hafifçe kaynatın. Sirke, şeker, tuz ve kuru hardal, kırmızı biber ve diğer baharatları içeren bir baharat torbası ekleyin.

c) Hacim yarı yarıya azalana ve ketçap sıvı ve katı ayrılmadan bir kaşık üzerinde toparlanana kadar kaynatmaya ve karıştırmaya devam edin. Baharat torbasını çıkarın ve 1/8 inç üst boşluk bırakarak sıcak kavanozları doldurun.

d) Hava kabarcıklarını çıkarın ve gerekirse üst boşluğu ayarlayın. Kavanozların kenarlarını nemli temiz bir kağıt havluyla silin.

e) Normal ketçap için kapakları ayarlayın ve işlem sürelerini takip edin.

23. Sıcak domates-biber sosu

İçindekiler:

- 5 kilo domates
- 2 kilo acı biber
- 1 kilo soğan
- 1 su bardağı sirke (%5)
- 3 çay kaşığı tuz
- 1/2 çay kaşığı biber

Verim: Yaklaşık 6 ila 8 pint

Talimatlar:

a) Domatesleri yıkayın ve 30 ila 60 saniye veya kabukları ayrılana kadar kaynar suya daldırın. Soğuk suya batırın, kabukları soyun ve çekirdeklerini çıkarın.

b) Domatesleri kabaca doğrayın ve büyük bir tencerede doğranmış biber, soğan ve kalan malzemelerle birleştirin. Kaynatın, ısıyı azaltın ve 10 dakika pişirin. 1/2-inç boşluk bırakarak sıcak kavanozları doldurun.

c) Hava kabarcıklarını çıkarın ve gerekirse kafa boşluğunu ayarlayın. Kavanozların kenarlarını nemli temiz bir kağıt havluyla silin.

d) Kapakları ayarlayın ve işlem yapın.

24. Şili salsa

İçindekiler:

- 10 su bardağı soyulmuş, çekirdekleri çıkarılmış, doğranmış domates
- 6 su bardağı tohumlu, doğranmış şili biber
- 4 su bardağı doğranmış soğan
- 1 su bardağı sirke (%5)
- 3 çay kaşığı tuz
- 1/2 çay kaşığı biber

Verim: Yaklaşık 7 ila 9 pint

Talimatlar:

a) Domatesleri yıkayın ve 30 ila 60 saniye veya kabukları ayrılana kadar kaynar suya daldırın.

b) Soğuk suya batırın, kabukları soyun ve çekirdeklerini çıkarın. Malzemeleri büyük bir tencerede birleştirin. Kaynayana kadar ısıtın ve 10 dakika pişirin. 1/2-inç boşluk bırakarak sıcak salsa'yı sıcak bira kavanozlarına doldurun.

c) Hava kabarcıklarını çıkarın ve gerekirse üst boşluğu ayarlayın. Kavanozların kenarlarını nemli temiz bir kağıt havluyla silin.

d) Kapakları ayarlayın ve işlem yapın.

25. Tomatillo yeşil salsa

İçindekiler:

- 5 su bardağı doğranmış tomatillo
- 1-1/2 su bardağı tohumlu, doğranmış uzun yeşil chiles
- 1/2 su bardağı çekirdekleri çıkarılmış, doğranmış jalapeno biberi
- 4 su bardağı doğranmış soğan
- 1 su bardağı şişe limon suyu
- 6 diş sarımsak, doğranmış
- 1 yemek kaşığı kimyon (isteğe bağlı)
- 3 yemek kaşığı kekik yaprağı (isteğe bağlı)
- 1 yemek kaşığı tuz
- 1 çay kaşığı kara biber

Verim: Yaklaşık 5 pint

Talimatlar:

a) Tüm malzemeleri büyük bir tencerede birleştirin ve karışım kaynamaya başlayana kadar sık sık yüksek ateşte karıştırın, ardından ısıyı azaltın ve ara sıra karıştırarak 20 dakika pişirin.

b) Sıcak salsa'yı sıcak bira kavanozlarına koyun ve 1/2-inç üst boşluk bırakın.

c) Hava kabarcıklarını çıkarın ve gerekirse üst boşluğu ayarlayın. Kavanozların kenarlarını nemli temiz bir kağıt havluyla silin.

d) Kapakları ayarlayın ve işlem yapın.

26. domates salçası

İçindekiler:

- 7 litre soyulmuş, özlü, doğranmış domates
- 4 su bardağı tohumlu, doğranmış uzun yeşil chiles
- 5 su bardağı doğranmış soğan
- 1/2 su bardağı çekirdekleri çıkarılmış, doğranmış jalapeno biberi
- 6 diş sarımsak, doğranmış
- 2 su bardağı şişelenmiş limon veya limon suyu
- 2 yemek kaşığı tuz
- 1 yemek kaşığı karabiber
- 2 yemek kaşığı kimyon (isteğe bağlı)
- 3 yemek kaşığı kekik yaprağı (isteğe bağlı)
- 2 yemek kaşığı taze kişniş (isteğe bağlı)

Verim: Yaklaşık 16 ila 18 pint

Talimatlar:

a) Domatesleri yıkayın ve 30 ila 60 saniye veya kabukları ayrılana kadar kaynar suya daldırın. Soğuk suya batırın, kabukları soyun ve çekirdeklerini çıkarın.

b) Kimyon, kekik ve kişniş hariç tüm malzemeleri büyük bir tencerede birleştirin ve sık sık karıştırarak kaynatın, ardından ısıyı azaltın ve 10 dakika pişirin.

c) Baharatları ekleyin ve ara sıra karıştırarak 20 dakika daha pişirin. 1/2-inç boşluk bırakarak sıcak salsa'yı sıcak bira kavanozlarına doldurun.

d) Hava kabarcıklarını çıkarın ve gerekirse üst boşluğu ayarlayın. Kavanozların kenarlarını nemli temiz bir kağıt havluyla silin.

e) Kapakları ayarlayın ve işlem yapın.

27. domates salsa

İçindekiler:

- 4 su bardağı soyulmuş, çekirdekleri çıkarılmış, doğranmış domates
- 2 su bardağı tohumlu, doğranmış uzun yeşil chiles
- 1/2 su bardağı çekirdekleri çıkarılmış, doğranmış jalapeno biberi
- 3/4 su bardağı doğranmış soğan
- 4 diş sarımsak, doğranmış
- 2 su bardağı sirke (%5)
- 1 çay kaşığı kimyon (isteğe bağlı)
- 1 yemek kaşığı kekik yaprağı (isteğe bağlı)
- 1 yemek kaşığı taze kişniş (isteğe bağlı)
- 1-1/2 çay kaşığı tuz

Verim: Yaklaşık 4 pint

Talimatlar:

a) Domatesleri yıkayın ve 30 ila 60 saniye veya kabukları ayrılana kadar kaynar suya daldırın. Soğuk suya batırın, kabukları soyun ve çekirdeklerini çıkarın.

b) Tüm malzemeleri büyük bir tencerede birleştirin ve sık sık karıştırarak kaynatın. Isıyı azaltın ve ara sıra karıştırarak 20 dakika pişirin.

c) 1/2-inç boşluk bırakarak sıcak salsa'yı sıcak bira kavanozlarına doldurun.

d) Hava kabarcıklarını çıkarın ve gerekirse üst boşluğu ayarlayın. Kavanozların kenarlarını nemli temiz bir kağıt havluyla silin.

e) Kapakları ayarlayın ve işlem yapın.

28. Domates/yeşil şili salsa

İçindekiler:

- 3 su bardağı soyulmuş, çekirdekleri çıkarılmış, doğranmış domates
- 3 su bardağı tohumlu, doğranmış uzun yeşil chiles
- 3/4 su bardağı doğranmış soğan
- 1 jalapeno biberi, çekirdekleri çıkarılmış, doğranmış
- 6 diş sarımsak, doğranmış
- 1-1/2 su bardağı sirke (%5)
- 1/2 çay kaşığı öğütülmüş kimyon (isteğe bağlı)
- 2 çay kaşığı kekik yaprağı (isteğe bağlı)
- 1-1/2 çay kaşığı tuz

Verim: Yaklaşık 3 pint

Talimatlar:

a) Domatesleri yıkayın ve 30 ila 60 saniye veya kabukları ayrılana kadar kaynar suya daldırın. Soğuk suya batırın, kabukları soyun ve çekirdeklerini çıkarın.

b) Tüm malzemeleri büyük bir tencerede birleştirin ve karışım kaynayana kadar sık sık karıştırarak ısıtın. Isıyı azaltın ve ara sıra karıştırarak 20 dakika pişirin.

c) 1/2-inç boşluk bırakarak sıcak salsa'yı sıcak bira kavanozlarına doldurun.

d) Hava kabarcıklarını çıkarın ve gerekirse kafa boşluğunu ayarlayın. Kavanozların kenarlarını nemli temiz bir kağıt havluyla silin.

e) Kapakları ayarlayın ve işlem yapın.

29. domates taco sosu

İçindekiler:

- 8 litre soyulmuş, özlü, doğranmış salça domates
- 2 diş sarımsak, ezilmiş
- 5 su bardağı doğranmış soğan
- 4 jalapeno biberi, çekirdekleri çıkarılmış, doğranmış
- 4 uzun yeşil chiles, çekirdekleri çıkarılmış, doğranmış
- 2-1/2 su bardağı sirke
- 2 yemek kaşığı tuz
- 1-1/2 yemek kaşığı karabiber
- 1 yemek kaşığı şeker
- 2 yemek kaşığı kekik yaprağı (isteğe bağlı)
- 1 çay kaşığı kimyon (isteğe bağlı)

Verim: Yaklaşık 16 ila 18 pint

Talimatlar:

a) Malzemeleri büyük bir tencerede birleştirin. Bir kaynamaya getirin, ardından ısıyı azaltın ve sık sık karıştırarak (yaklaşık 1 saat) pişirin.

b) 1/2-inç üst boşluk bırakarak sıcak sosu sıcak bira kavanozlarına doldurun.

c) Hava kabarcıklarını çıkarın ve gerekirse üst boşluğu ayarlayın. Kavanozların kenarlarını nemli temiz bir kağıt havluyla silin.

d) Kapakları ayarlayın ve işlem yapın.

30. Şili con carne

İçindekiler:

- 3 su bardağı kuru barbunya veya barbunya fasulyesi
- 5-1/2 su bardağı su
- 5 çay kaşığı tuz (ayrılmış)
- 3 kilo dana kıyma
- 1-1/2 su bardağı doğranmış soğan
- 1 su bardağı dilediğiniz kadar doğranmış biber
- 1 çay kaşığı kara biber
- 3 ila 6 yemek kaşığı pul biber
- 2 litre ezilmiş veya bütün domates

Verim: 9 pint

Talimatlar:

a) Fasulyeleri iyice yıkayın ve 2 qt. tencere. Fasulyelerin 2 ila 3 inç üzerine soğuk su ekleyin ve 12 ila 18 saat bekletin. Suyu boşaltın ve atın.

b) Fasulyeleri 5-1 / 2 bardak tatlı su ve 2 çay kaşığı tuz ile birleştirin. Kaynamaya getirin. Isıyı azaltın ve 30 dakika pişirin. Suyu boşaltın ve atın.

c) Bir tavada kahverengi kıyma, doğranmış soğan ve biber (istenirse). Yağı süzün ve 3 çay kaşığı tuz, karabiber, pul biber, domates ve süzülmüş fasulye ekleyin. 5 dakika kaynatın. Dikkat: Kalınlaştırmayın. 1 inçlik baş boşluğu bırakarak sıcak kavanozları doldurun.

d) Hava kabarcıklarını çıkarın ve gerekirse üst boşluğu ayarlayın. Kavanozların kenarlarını nemli temiz bir kağıt havluyla silin.

e) Kapakları ayarlayın ve işlem yapın.

SEBZELER & SEBZE ÜRÜNLERİ

31. Karışık sebze

İçindekiler:

- 6 su bardağı dilimlenmiş havuç
- 6 su bardağı kesilmiş, bütün çekirdekli tatlı mısır
- 6 su bardağı doğranmış yeşil fasulye
- 6 su bardağı kabuklu lima fasulyesi
- 4 su bardağı bütün veya ezilmiş domates
- 4 su bardağı doğranmış kabak

Verim: 7 litre

Talimatlar:

a) Kabak hariç, sebzeleri her sebze için daha önce anlatıldığı gibi yıkayın ve hazırlayın. Kabakları yıkayın, düzeltin ve dilimleyin veya küp küp doğrayın; tüm sebzeleri büyük bir tencerede veya su ısıtıcısında birleştirin ve parçaları kaplayacak kadar su ekleyin.

b) İstenirse, kavanoza litre başına 1 çay kaşığı tuz ekleyin. 1 inç üst boşluk bırakarak 5 dakika kaynatın ve sıcak parçalar ve sıvı ile hasta sıcak kavanozları.

c) Hava kabarcıklarını çıkarın ve gerekirse üst boşluğu ayarlayın. Kavanozların kenarlarını nemli temiz bir kağıt havluyla silin.

d) Kapakları ayarlayın ve işlem yapın.

32. succotash

İçindekiler:

- 15 lb. kabuğu soyulmamış tatlı mısır
- 14 lbs olgun yeşil baklalı lima fasulyesi
- 2 litre ezilmiş veya bütün domates

Verim: 7 litre

Talimatlar:

a) Taze ürünleri daha önce belirli sebzeler için açıklandığı şekilde yıkayın ve hazırlayın.

b) Sıcak paket—Hazırlanan tüm sebzeleri büyük bir su ısıtıcısında parçaları kaplayacak kadar suyla birleştirin. İstenirse, her bir sıcak çeyrek kavanoza 1 çay kaşığı tuz ekleyin. Succotash'ı 5 dakika hafifçe kaynatın ve sıcak kavanozları parçalar ve pişirme sıvısı ile 1 inç üst boşluk bırakarak kaynatın.

c) Ham paket—Sıcak kavanozları hazırlanan tüm sebzelerin eşit parçalarıyla doldurun ve 1 inçlik üst boşluk bırakın. Parçaları sallamayın veya bastırmayın. İsterseniz her çeyrek kavanoza 1 çay kaşığı tuz ekleyin. 1 inç üst boşluk bırakarak taze kaynar su ekleyin.

d) Hava kabarcıklarını çıkarın ve gerekirse üst boşluğu ayarlayın. Kavanozların kenarlarını nemli temiz bir kağıt havluyla silin.

e) Kapakları ayarlayın ve işlem yapın.

FERMENTE & TURŞU SEBZELER

33. Dereotu turşu

İçindekiler:

- 4 libre 4 inç salatalık turşusu
- 2 yemek kaşığı dereotu tohumu veya 4 ila 5 baş taze veya kuru dereotu
- 1/2 su bardağı tuz
- 1/4 su bardağı sirke (%5
- 8 su bardağı su ve aşağıdaki bileşenlerden bir veya daha fazlası:
- 2 diş sarımsak (isteğe bağlı)
- 2 adet kuru kırmızı biber (isteğe bağlı)
- 2 çay kaşığı bütün karışık turşu baharatları

Talimatlar:

a) Salatalıkları yıkayın. 1/16 inçlik çiçek ucunu kesin ve atın. 1/4 inçlik gövdeyi takılı bırakın. Dereotu ve baharatların yarısını temiz, uygun bir kabın dibine koyun.

34. lâhana turşusu

İçindekiler:

- 25 kilo lahana
- 3/4 su bardağı konserve veya dekapaj tuzu

Verim: Yaklaşık 9 litre

Talimatlar:

a) Bir seferde yaklaşık 5 kilo lahana ile çalışın. Dış yaprakları atın. Kafaları soğuk akan su altında durulayın ve boşaltın. Başları dörde bölün ve çekirdekleri çıkarın. Çeyrek kalınlıkta rendeleyin veya dilimleyin.

b) Lahanayı uygun bir mayalama kabına koyun ve 3 yemek kaşığı tuz ekleyin. Temiz eller kullanarak iyice karıştırın. Tuz, lahanadan meyve suyu çekene kadar sıkıca paketleyin.

c) Tüm lahana kapta olana kadar parçalamayı, tuzlamayı ve paketlemeyi tekrarlayın. Kenarı lahanadan en az 4 veya 5 inç yukarıda olacak şekilde yeterince derin olduğundan emin olun. Meyve suyu lahanayı kaplamıyorsa, kaynatılmış ve soğutulmuş tuzlu su ekleyin (litre suya 1-1 / 2 yemek kaşığı tuz).

d) Plaka ve ağırlıkları ekleyin; kabı temiz bir banyo havlusu ile örtün. Fermantasyon sırasında 70 ° ila 75 ° F arasında saklayın. 70° ile 75°F arasındaki sıcaklıklarda, kraut yaklaşık 3 ila 4 hafta içinde tamamen fermente olacaktır; 60 ° ila 65 ° F arasında, fermantasyon 5 ila 6 hafta sürebilir. 60 °F'nin altındaki sıcaklıklarda, kraut fermente olmayabilir. 75 ° F'nin üzerinde, kraut yumuşayabilir.

e) Lahanayı salamura dolu bir torba ile tartarsanız, normal fermantasyon tamamlanana kadar (köpürme durduğunda) güveci rahatsız etmeyin. Ağırlık olarak kavanoz kullanırsanız, haftada iki ila üç kez kraut'u kontrol etmeniz ve eğer oluşursa pislikleri çıkarmanız gerekecektir. Tamamen fermente edilmiş kraut, buzdolabında birkaç ay boyunca sıkıca kapalı tutulabilir.

f) Hava kabarcıklarını çıkarın ve gerekirse üst boşluğu ayarlayın. Kavanozların kenarlarını nemli temiz bir kağıt havluyla silin. Kapakları ayarlayın ve işlem yapın.

35. Tereyağlı ekmek turşusu

İçindekiler:

- 6 libre 4 ila 5 inç salatalık turşusu
- 8 su bardağı ince dilimlenmiş soğan
- 1/2 su bardağı konserve veya dekapaj tuzu
- 4 su bardağı sirke (%5)

- 4-1/2 su bardağı şeker
- 2 yemek kaşığı hardal tohumu
- 1-1/2 yemek kaşığı kereviz tohumu
- 1 yemek kaşığı öğütülmüş zerdeçal
- 1 bardak dekapaj kireci

Verim: Yaklaşık 8 pint

Talimatlar:

a) Salatalıkları yıkayın. 1/16 inç çiçek ucunu kesin ve atın. 3/16 inçlik dilimler halinde kesin. Büyük bir kapta salatalık ve soğanları birleştirin. Tuz ekle. 2 inç ezilmiş veya küp buzla kaplayın. Gerektiğinde daha fazla buz ekleyerek 3 ila 4 saat soğutun.

b) Kalan malzemeleri büyük bir tencerede birleştirin. 10 dakika kaynatın. Süzün ve salatalık ve soğanları ekleyin ve yavaş yavaş kaynayana kadar tekrar ısıtın. Sıcak bira kavanozlarını dilimler ve pişirme şurubu ile doldurun, 1/2-inç üst boşluk bırakın. Hava kabarcıklarını çıkarın ve gerekirse üst boşluğu ayarlayın. Kavanozların kenarlarını nemli temiz bir kağıt havluyla silin.

c) Kapakları ayarlayın ve işlem yapın.

36. Taze paket dereotu turşu

İçindekiler:

- 8 libre 3 ila 5 inç salatalık turşusu
- 2 galon su
- 1-1/4 su bardağı konserve veya dekapaj tuzu
- 1-1 / 2 litre sirke (% 5)
- 1/4 su bardağı şeker
- 2 litre su
- 2 yemek kaşığı bütün karışık dekapaj baharatı
- yaklaşık 3 yemek kaşığı bütün hardal tohumu (bir litre kavanoz başına 1 çay kaşığı)
- yaklaşık 14 baş taze dereotu (bira bardağı başına 1-1 / 2 baş) veya
- 4-1 / 2 yemek kaşığı dereotu tohumu (bir litre kavanoz başına 1-1 / 2 çay kaşığı)

Verim: Yaklaşık 7 ila 9 pint

Talimatlar:

a) Salatalıkları yıkayın. 1/16 inçlik çiçek ucunu kesin ve atın, ancak 1/4 inçlik sapı bağlı bırakın. 2 galon suda 3/4 bardak tuzu eritin. Salatalıkların üzerine dökün ve 12 saat bekletin. Boşaltmak.

b) Sirke, 1/2 su bardağı tuz, şeker ve 2 litre suyu birleştirin. Temiz beyaz bir beze bağlı karışık dekapaj baharatları ekleyin. Kaynayana kadar ısıtın. Sıcak kavanozları salatalıklarla doldurun.

c) Pint başına 1 çay kaşığı hardal tohumu ve 1-1/2 kafa taze dereotu ekleyin. 1/2-inç kafa boşluğu bırakarak kaynar dekapaj solüsyonu ile kaplayın. Hava kabarcıklarını çıkarın ve gerekirse üst boşluğu ayarlayın. Kavanozların kenarlarını nemli temiz bir kağıt havluyla silin.

d) Kapakları ayarlayın ve işlem yapın.

37. tatlı kornişon turşusu

İçindekiler:

- 7 libre salatalık (1-1 / 2 inç veya daha az)
- 1/2 su bardağı konserve veya dekapaj tuzu
- 8 su bardağı şeker
- 6 su bardağı sirke (%5)
- 3/4 çay kaşığı zerdeçal
- 2 çay kaşığı kereviz tohumu
- 2 çay kaşığı bütün karışık turşu baharatı
- 2 çubuk tarçın
- 1/2 çay kaşığı rezene (isteğe bağlı)
- 2 çay kaşığı vanilya (isteğe bağlı)

Verim: Yaklaşık 6 ila 7 pint

Talimatlar:

a) Salatalıkları yıkayın. 1/16 inçlik çiçek ucunu kesin ve atın, ancak 1/4 inçlik sapı bağlı bırakın.

b) Salatalıkları büyük bir kaba koyun ve kaynar suyla kaplayın. Altı ila 8 saat sonra ve ikinci gün tekrar süzün ve 1/4 fincan tuz içeren 6 litre taze kaynar su ile örtün. Üçüncü gün salatalıkların suyunu süzün ve çatalla delin.

c) 3 su bardağı sirke, 3 su bardağı şeker, zerdeçal ve baharatları birleştirin ve kaynatın. Salatalıkların üzerine dökün. Altı ila 8 saat sonra dekapaj şurubunu boşaltın ve saklayın. 2 bardak daha şeker ve sirke ekleyin ve kaynaması için tekrar ısıtın. Turşuların üzerine dökün.

d) Dördüncü gün şurubu boşaltın ve saklayın. 2 su bardağı şeker ve 1 su bardağı sirke daha ekleyin. Kaynayana kadar ısıtıp turşuların üzerine dökün. 6 ila 8 saat sonra dekapaj şurubunu boşaltın ve saklayın. 1 su bardağı şeker ve 2 çay kaşığı vanilya ekleyin ve kaynama noktasına gelene kadar ısıtın.

e) Sıcak steril bira kavanozlarını turşu ile doldurun ve 1/2-inç üst boşluk bırakarak sıcak şurupla kaplayın.

f) Hava kabarcıklarını çıkarın ve gerekirse üst boşluğu ayarlayın. Kavanozların kenarlarını nemli temiz bir kağıt havluyla silin.

g) Kapakları ayarlayın ve işlem yapın.

38. 14 günlük tatlı turşu

İçindekiler:

- 4 libre 2 ila 5 inç salatalık turşusu
- 3/4 su bardağı konserve veya dekapaj tuzu
- 2 çay kaşığı kereviz tohumu
- 2 yemek kaşığı karışık dekapaj baharatı
- 5-1/2 su bardağı şeker
- 4 su bardağı sirke (%5)

Verim: Yaklaşık 5 ila 9 pint

Talimatlar:

a) Salatalıkları yıkayın. 1/16 inçlik çiçek ucunu kesin ve atın, ancak 1/4 inçlik sapı bağlı bırakın. Bütün salatalıkları uygun 1 galonluk bir kaba koyun.

b) 2 litre suya 1/4 bardak konserve veya salamura tuzu ekleyin ve kaynatın. Salatalıkların üzerine dökün. Uygun örtü ve ağırlık ekleyin.

c) Konteynerin üzerine temiz havlu koyun ve sıcaklığı yaklaşık 70°F'de tutun. Üçüncü ve beşinci günlerde tuzlu suyu boşaltın ve atın. Salatalıkları durulayın ve salatalıkları kaba geri koyun. 2 litre temiz suya 1/4 su bardağı tuz ekleyin ve kaynatın. Salatalıkların üzerine dökün.

d) Örtüyü ve ağırlığı değiştirin ve temiz havluyla tekrar örtün. Yedinci gün, tuzlu suyu boşaltın ve atın. Salatalıkları durulayın, örtün ve ağırlık.

39. Hızlı tatlı turşu

İçindekiler:

- 8 libre 3-4 inç salatalık turşusu
- 1/3 su bardağı konserve veya dekapaj tuzu
- 4-1 / 2 su bardağı şeker
- 3-1 / 2 su bardağı sirke (%5)
- 2 çay kaşığı kereviz tohumu
- 1 yemek kaşığı bütün yenibahar
- 2 yemek kaşığı hardal tohumu
- 1 su bardağı dekapaj kireci (isteğe bağlı)

Verim: Yaklaşık 7 ila 9 pint

Talimatlar:

a) Salatalıkları yıkayın. 1/16 inçlik çiçek ucunu kesin ve atın, ancak 1/4 inç sapı bağlı bırakın. İsterseniz dilimleyin veya şeritler halinde kesin. Kaseye koyun ve

1/3 su bardağı tuz serpin. 2 inç ezilmiş veya küp buzla kaplayın.

b) 3 ila 4 saat soğutun. Gerektiğinde daha fazla buz ekleyin. İyice süzün.

c) 6 litrelik su ısıtıcısında şeker, sirke, kereviz tohumu, yenibahar ve hardal tohumunu birleştirin. Kaynayana kadar ısıtın.

d) Sıcak paket—Salatalıkları ekleyin ve sirke çözeltisi kaynayana kadar yavaşça ısıtın. Karışımın eşit şekilde ısınmasını sağlamak için ara sıra karıştırın. 1/2-inç üst boşluk bırakarak steril kavanozları doldurun.

e) Ham paket—Sıcak kavanozları 1/2-inç boşluk bırakarak doldurun. 1/2-inç üst boşluk bırakarak sıcak dekapaj şurubu ekleyin.

f) Hava kabarcıklarını çıkarın ve gerekirse üst boşluğu ayarlayın. Kavanozların kenarlarını nemli temiz bir kağıt havluyla silin.

g) Kapakları ayarlayın ve işlem yapın.

40. kuşkonmaz turşusu

İçindekiler:

- 10 kilo kuşkonmaz
- 6 büyük diş sarımsak
- 4-1/2 su bardağı su
- 4-1/2 bardak beyaz damıtılmış sirke (% 5)
- 6 küçük acı biber (isteğe bağlı)
- 1/2 su bardağı konserve tuzu
- 3 çay kaşığı dereotu tohumu

Verim: 6 geniş ağızlı bira kavanozu

Talimatlar:

a) Kuşkonmazı akan su altında iyice ama nazikçe yıkayın. Mızrakları konserve kavanozuna yerleştirecek uçlarla bırakmak için gövdeleri alttan kesin ve 1/2 inçten biraz daha fazla boşluk bırakın. Sarımsakları soyun ve yıkayın.

b) Her kavanozun dibine bir diş sarımsak koyun ve kuşkonmazları kör uçlar aşağı gelecek şekilde sıcak kavanozlara sıkıca paketleyin. 8 litrelik bir tencerede su, sirke, acı biber (isteğe bağlı), tuz ve dereotu tohumunu birleştirin.

c) Kaynamaya getirin. Her kavanoza kuşkonmaz mızraklarının üzerine bir acı biber (kullanılıyorsa) koyun. 1/2-inç üst boşluk bırakarak mızrakların üzerine kaynar sıcak dekapaj tuzlu su dökün.

d) Hava kabarcıklarını çıkarın ve gerekirse üst boşluğu ayarlayın. Kavanozların kenarlarını nemli temiz bir kağıt havluyla silin.

e) Kapakları ayarlayın ve işlem yapın.

41. Salamura fasulye

İçindekiler:

- 4 lbs taze ihale yeşil veya sarı fasulye
- 8 ila 16 baş taze dereotu
- 8 diş sarımsak (isteğe bağlı)
- 1/2 su bardağı konserve veya dekapaj tuzu

- 4 su bardağı beyaz sirke (%5)
- 4 su bardağı su
- 1 çay kaşığı acı kırmızı biber gölü (isteğe bağlı)

Verim: Yaklaşık 8 pint

Talimatlar:

a) Fasulyelerin uçlarını yıkayın ve kesin ve 4 inç uzunluğunda kesin. Her sıcak steril bira kavanozuna 1 ila 2 dereotu kafası ve istenirse 1 diş sarımsak koyun. Bütün fasulyeleri dik olarak kavanozlara yerleştirin ve 1/2-inç üst boşluk bırakın.

b) Gerekirse, uygun olduğundan emin olmak için fasulyeleri kesin. Tuz, sirke, su ve biber göllerini (istenirse) birleştirin. Kaynamaya getirin. 1/2-inç boşluk bırakarak fasulyelere sıcak çözelti ekleyin.

c) Hava kabarcıklarını çıkarın ve gerekirse üst boşluğu ayarlayın. Kavanozların kenarlarını nemli temiz bir kağıt havluyla silin.

d) Kapakları ayarlayın ve işlem yapın.

42. Turşu üç fasulye salatası

İçindekiler:

- 1-1 / 2 su bardağı beyazlatılmış yeşil/sarı fasulye
- 1-1 / 2 su bardağı konserve, süzülmüş, barbunya fasulyesi
- 1 su bardağı konserve, süzülmüş nohut
- 1/2 su bardağı soyulmuş ve ince dilimlenmiş soğan
- 1/2 bardak kesilmiş ve ince dilimlenmiş kereviz
- 1/2 su bardağı dilimlenmiş yeşil biber
- 1/2 su bardağı beyaz sirke (%5)
- 1/4 su bardağı şişelenmiş limon suyu
- 3/4 su bardağı şeker
- 1/4 su bardağı sıvı yağ
- 1/2 çay kaşığı konserve veya dekapaj tuzu
- 1-1/4 su bardağı su

Verim: Yaklaşık 5 ila 6 yarım pint

Talimatlar:

a) Taze fasulyelerin uçlarını yıkayın ve çırpın. 1 ila 2 inçlik parçalar halinde kesin veya yapıştırın.

b) 3 dakika haşlayın ve hemen soğutun. Fasulyeleri musluk suyuyla yıkayıp tekrar süzün. Diğer tüm sebzeleri hazırlayın ve ölçün.

c) Sirke, limon suyu, şeker ve suyu birleştirin ve kaynatın. Ateşten alın.

d) Yağ ve tuzu ekleyip iyice karıştırın. Çözeltiye fasulye, soğan, kereviz ve yeşil biber ekleyin ve kaynatın.

e) Buzdolabında 12 ila 14 saat marine edin, ardından tüm karışımı kaynatın. Sıcak kavanozları katı maddelerle doldurun. 1/2-inç üst boşluk bırakarak sıcak sıvı ekleyin.

f) Hava kabarcıklarını çıkarın ve gerekirse üst boşluğu ayarlayın. Kavanozların

kenarlarını nemli temiz bir kağıt havluyla silin.

g) Kapakları ayarlayın ve işlem yapın.

43. Pancar turşusu

İçindekiler:

- 7 libre 2 ila 2-1 / 2 inç çapında pancar
- 4 su bardağı sirke (%5)
- 1-1 / 2 çay kaşığı konserve veya dekapaj tuzu
- 2 su bardağı şeker
- 2 su bardağı su
- 2 çubuk tarçın
- 12 bütün karanfil
- 4 ila 6 soğan (2- ila 2-1 / 2-inç çapında),

Verim: Yaklaşık 8 pint

Talimatlar:

a) Pancar üstlerini kesin, rengin akmasını önlemek için 1 inç gövde ve kök bırakın.

b) İyice yıkayın. Boyuta göre sıralayın. Benzer boyutları kaynar suyla birlikte örtün ve yumuşayana kadar pişirin (yaklaşık 25 ila 30 dakika). Dikkat: Sıvıyı boşaltın ve atın. Soğuk pancar. Köklerin ve gövdelerin kırpılması ve derilerin kayması. 1/4 inçlik dilimler halinde dilimleyin. Soğanları soyup ince dilimleyin.

c) Sirke, tuz, şeker ve tatlı suyu birleştirin. Baharatları tülbent torbaya koyun ve sirke karışımına ekleyin. Kaynamaya getirin. Pancar ve soğan ekleyin. 5 dakika kaynatın. Baharat torbasını çıkarın.

d) Sıcak kavanozları pancar ve soğanla doldurun, 1/2-inç üst boşluk bırakın. 1/2-inç üst boşluk bırakarak sıcak sirke çözeltisi ekleyin.

e) Hava kabarcıklarını çıkarın ve gerekirse üst boşluğu ayarlayın. Kavanozların kenarlarını nemli temiz bir kağıt havluyla silin.

f) Kapakları ayarlayın ve işlem yapın.

44. turşu havuç

İçindekiler:

- 2-3/4 lbs soyulmuş havuç
- 5-1/2 su bardağı beyaz sirke (%5)
- 1 su bardağı su
- 2 su bardağı şeker
- 2 çay kaşığı konserve tuzu
- 8 çay kaşığı hardal tohumu
- 4 çay kaşığı kereviz tohumu

Verim: Yaklaşık 4 pint

Talimatlar:

a) Havuçları yıkayıp soyun. Yaklaşık 1/2-inç kalınlığında mermiler halinde kesin.

b) Sirke, su, şeker ve konserve tuzunu 8 litrelik bir Hollanda fırınında veya stok yerinde birleştirin. Kaynatın ve 3 dakika kaynatın. Havuç ekleyin ve tekrar kaynatın. Daha sonra ısıyı azaltın ve yarı pişene kadar (yaklaşık 10 dakika) ısıtın.

c) Bu arada, her boş sıcak bira kavanozuna 2 çay kaşığı hardal tohumu ve 1 çay kaşığı kereviz tohumu koyun. Kavanozları 1 inç üst boşluk bırakarak sıcak havuçla doldurun. 1/2-inç üst boşluk bırakarak sıcak dekapaj sıvısı ile doldurun.

d) Hava kabarcıklarını çıkarın ve gerekirse üst boşluğu ayarlayın. Kavanozların kenarlarını nemli temiz bir kağıt havluyla silin.

e) Kapakları ayarlayın ve işlem yapın.

45. Karnabahar turşusu/brüksel

İçindekiler:

- 12 bardak 1 ila 2 inç karnabahar çiçeği veya küçük Brüksel lahanası
- 4 su bardağı beyaz sirke (%5)
- 2 su bardağı şeker
- 2 su bardağı ince dilimlenmiş soğan
- 1 su bardağı doğranmış tatlı kırmızı biber
- 2 yemek kaşığı hardal tohumu
- 1 yemek kaşığı kereviz tohumu
- 1 çay kaşığı zerdeçal
- 1 çay kaşığı acı kırmızı biber gölleri

Verim: Yaklaşık 9 yarım pint

Talimatlar:

a) Karnabahar çiçeklerini veya Brüksel lahanasını yıkayın (sapları ve lekeli dış yaprakları çıkarın) ve tuzlu suda (galon suya 4 çay kaşığı konserve tuzu) karnabahar için 3 dakika ve Brüksel lahanası için 4 dakika kaynatın. Süzün ve soğutun.

b) Büyük bir tencerede sirke, şeker, soğan, doğranmış kırmızı biber ve baharatları birleştirin. Kaynatın ve 5 dakika kaynatın. Kavanozların arasına soğan ve doğranmış biberleri dağıtın. Sıcak kavanozları parçalarla ve dekapaj solüsyonuyla doldurun, 1/2-inç kafa boşluğu bırakın.

c) Hava kabarcıklarını çıkarın ve gerekirse üst boşluğu ayarlayın. Kavanozların kenarlarını nemli temiz bir kağıt havluyla silin.

d) Kapakları ayarlayın ve işlem yapın.

46. Chayote ve jicama lahana salatası

İçindekiler:

- 4 su bardağı jülyen doğranmış jicama
- 4 su bardağı jülyen doğranmış chayote
- 2 su bardağı doğranmış kırmızı dolmalık biber
- 2 adet doğranmış acı biber
- 2-1/2 su bardağı su
- 2-1/2 su bardağı elma sirkesi (%5)
- 1/2 su bardağı beyaz şeker
- 3-1/2 çay kaşığı konserve tuzu
- 1 çay kaşığı kereviz tohumu (isteğe bağlı)

Verim: Yaklaşık 6 yarım pint

Talimatlar:

a) Dikkat: Acı biberleri tutarken veya keserken plastik veya lastik eldiven giyin ve yüzünüze dokunmayın. Eldiven giymiyorsanız, yüzünüze veya gözlerinize dokunmadan önce ellerinizi sabun ve suyla iyice yıkayın.

b) Chayote tohumlarını atarak, julienne jicama ve chayote'u yıkayın, soyun ve ince bir şekilde koyun. 8 litrelik bir Hollanda fırında veya stokta, chayote hariç tüm malzemeleri birleştirin. Bir kaynamaya getirin ve 5 dakika kaynatın.

c) Kaynamaya kadar ısıyı azaltın ve chayote ekleyin. Tekrar kaynatın ve ardından ısıyı çevirin. Sıcak katıları yarım litrelik sıcak kavanozlara doldurun ve 1/2 inçlik üst boşluk bırakın.

d) 1/2-inç üst boşluk bırakarak kaynar pişirme sıvısı ile kaplayın.

e) Hava kabarcıklarını çıkarın ve gerekirse üst boşluğu ayarlayın. Kavanozların kenarlarını nemli temiz bir kağıt havluyla silin.

f) Kapakları ayarlayın ve işlem yapın.

47. tereyağlı ekmek turşusu jicama

İçindekiler:

- 14 su bardağı küp doğranmış jicama
- 3 su bardağı ince doğranmış soğan
- 1 su bardağı doğranmış kırmızı dolmalık biber
- 4 su bardağı beyaz sirke (%5)
- 4-1/2 su bardağı şeker
- 2 yemek kaşığı hardal tohumu
- 1 yemek kaşığı kereviz tohumu
- 1 çay kaşığı öğütülmüş zerdeçal

Verim: Yaklaşık 6 pint

Talimatlar:

a) 12 litrelik bir Hollanda fırında veya büyük bir tencerede sirke, şeker ve baharatları birleştirin. Karıştırın ve kaynatın. Hazırlanmış jicama, soğan dilimleri ve kırmızı dolmalık biberi karıştırın. Kaynatın, ısıyı azaltın ve 5 dakika pişirin. Ara sıra karıştır.

b) 1/2-inç üst boşluk bırakarak sıcak katıları sıcak bira kavanozlarına doldurun. 1/2-inç üst boşluk bırakarak kaynar pişirme sıvısı ile kaplayın.

c) Hava kabarcıklarını çıkarın ve gerekirse üst boşluğu ayarlayın. Kavanozların kenarlarını nemli temiz bir kağıt havluyla silin.

d) Kapakları ayarlayın ve işlem yapın.

48. Marine edilmiş bütün mantarlar

İçindekiler:

- 7 kilo küçük bütün mantar
- 1/2 bardak şişelenmiş limon suyu
- 2 su bardağı zeytinyağı veya salata yağı
- 2-1/2 su bardağı beyaz sirke (%5)
- 1 yemek kaşığı kekik yaprağı
- 1 yemek kaşığı kuru fesleğen yaprağı
- 1 yemek kaşığı konserve veya dekapaj tuzu
- 1/2 su bardağı doğranmış soğan
- 1/4 su bardağı doğranmış biber
- 2 diş sarımsak, dörde bölünmüş
- 25 tane karabiber

Verim: Yaklaşık 9 yarım pint

Talimatlar:

a) Kapakları 1-1/4 inçten küçük, açılmamış çok taze mantarları seçin. Yıkayın Sapları kesin, kapağa 1/4 inç takılı bırakın. Üzerini örtecek kadar limon suyu ve su ekleyin. Kaynatın. 5 dakika kaynatın. Mantarları boşaltın.

b) Bir tencerede zeytinyağı, sirke, kekik, fesleğen ve tuzu karıştırın. Soğanları ve yenibaharı ilave edip kaynayana kadar ısıtın.

c) Yarım litrelik bir kavanoza 1/4 diş sarımsak ve 2-3 tane karabiber koyun. Sıcak kavanozları mantar ve sıcak, iyi karıştırılmış yağ/sirke solüsyonuyla doldurun ve 1/2 inç boşluk bırakın.

d) Hava kabarcıklarını çıkarın ve gerekirse üst boşluğu ayarlayın. Kavanozların kenarlarını nemli temiz bir kağıt havluyla silin.

e) Kapakları ayarlayın ve işlem yapın.

49. Salamura bamya turşusu

İçindekiler:

- 7 lbs küçük bamya baklaları
- 6 adet küçük acı biber
- 4 çay kaşığı dereotu tohumu
- 8 ila 9 diş sarımsak
- 2/3 su bardağı konserve veya dekapaj tuzu
- 6 su bardağı su
- 6 su bardağı sirke (%5)

Verim: Yaklaşık 8 ila 9 pint

Talimatlar:

a) Bamyayı yıkayıp doğrayın. Sıcak kavanozları bütün bamya ile sıkıca doldurun ve 1/2-inç üst boşluk bırakın. Her kavanoza 1 diş sarımsak koyun.

b) Büyük bir tencerede tuz, acı biber, dereotu tohumu, su ve sirkeyi birleştirin ve kaynatın. 1/2-inç üst boşluk bırakarak bamya üzerine sıcak dekapaj çözeltisi dökün.

c) Hava kabarcıklarını çıkarın ve gerekirse üst boşluğu ayarlayın. Kavanozların kenarlarını nemli temiz bir kağıt havluyla silin.

d) Kapakları ayarlayın ve işlem yapın.

50. Turşu inci soğan

İçindekiler:

- 8 su bardağı soyulmuş beyaz inci soğan
- 5-1/2 su bardağı beyaz sirke (%5)
- 1 su bardağı su
- 2 çay kaşığı konserve tuzu
- 2 su bardağı şeker
- 8 çay kaşığı hardal tohumu
- 4 çay kaşığı kereviz tohumu

Verim: Yaklaşık 3 ila 4 pint

Talimatlar:

a) Soğanları soymak için tel örgülü bir sepete veya süzgecin içine birer birer koyun, 30 saniye kaynar suya daldırın, ardından çıkarın ve 30 saniye soğuk suya koyun. Kök ucundan 1/16 inçlik bir dilim kesin ve ardından kabuğu çıkarın ve soğanın diğer ucundan 1/16 inç kesin.

b) Sirke, su, tuz ve şekeri 8 litrelik bir Hollanda fırınında veya stok yerinde birleştirin. Kaynatın ve 3 dakika kaynatın.

c) Soyulmuş soğanları ekleyin ve tekrar kaynatın. Isıyı azaltın ve yarı pişene kadar (yaklaşık 5 dakika) ısıtın.

d) Bu arada, her boş sıcak bira kavanozuna 2 çay kaşığı hardal tohumu ve 1 çay kaşığı kereviz tohumu koyun. 1 inç üst boşluk bırakarak sıcak soğan ile doldurun. 1/2-inç üst boşluk bırakarak sıcak dekapaj sıvısı ile doldurun.

e) Hava kabarcıklarını çıkarın ve gerekirse üst boşluğu ayarlayın. Kavanozların kenarlarını nemli temiz bir kağıt havluyla silin.

f) Kapakları ayarlayın ve işlem yapın.

51. Marine edilmiş biber

İçindekiler:

- Bell, Macarca, muz veya jalapeno
- 4 kilo sert biber
- 1 su bardağı şişe limon suyu
- 2 su bardağı beyaz sirke (%5)
- 1 yemek kaşığı kekik yaprağı
- 1 su bardağı zeytinyağı veya salata yağı
- 1/2 su bardağı doğranmış soğan
- 2 diş sarımsak, dörde bölünmüş (isteğe bağlı)
- 2 yemek kaşığı hazır yaban turpu (isteğe bağlı)

Verim: Yaklaşık 9 yarım pint

Talimatlar:

a) En sevdiğiniz biberi seçin. Dikkat: Acı biber seçerseniz, plastik veya lastik eldiven giyin ve acı biberleri tutarken veya keserken yüzünüze dokunmayın.

b) Yıkayın, her bir biberde iki ila dört yarık açın ve şu iki yöntemden birini kullanarak sert kabuklu acı biberleri kaynar suda veya kabarcıklı kabuklarda haşlayın:

c) Derileri kabartmak için fırın veya piliç yöntemi – Biberleri sıcak bir fırına (400°F) veya bir piliç altına, kabukları kabarana kadar 6 ila 8 dakika koyun.

d) Derileri kabartmak için en iyi yöntem – Sıcak brülörü (gaz veya elektrik) ağır tel örgü ile örtün.

e) Biberleri kabukları kabarana kadar birkaç dakika ocakta bekletin.

f) Kabukları kabardıktan sonra biberleri bir tencereye koyun ve nemli bir bezle örtün. (Biberlerin soyulması daha kolay olacaktır.) Birkaç dakika soğutun; derilerin kabuğu. Bütün biberleri düzleştirin.

g) Kalan tüm malzemeleri bir tencerede karıştırın ve kaynayana kadar ısıtın. Her yarım litrelik sıcak kavanoza 1/4 diş sarımsak (isteğe bağlı) ve 1/4 çay kaşığı tuz veya yarım litre başına 1/2 çay kaşığı koyun. Sıcak kavanozları biberle doldurun. 1/2-inç üst boşluk bırakarak biberlerin üzerine sıcak, iyi karıştırılmış yağ/dekapaj solüsyonu ekleyin.

h) Hava kabarcıklarını çıkarın ve gerekirse üst boşluğu ayarlayın. Kavanozların kenarlarını nemli temiz bir kağıt havluyla silin.

i) Kapakları ayarlayın ve işlem yapın.

52. Biber turşusu

İçindekiler:

- 7 kilo sert dolmalık biber
- 3-1 / 2 su bardağı şeker
- 3 su bardağı sirke (%5)
- 3 su bardağı su
- 9 diş sarımsak
- 4-1 / 2 çay kaşığı konserve veya dekapaj tuzu

Verim: Yaklaşık 9 pint

Talimatlar:

a) Biberleri yıkayın, dörde bölün, çekirdekleri ve tohumları çıkarın ve kusurları kesin. Biberleri şeritler halinde dilimleyin. Şeker, sirke ve suyu 1 dakika kaynatın.

b) Biberleri ekleyip kaynamaya bırakın. Her sıcak steril yarım litrelik kavanoza 1/2 diş sarımsak ve 1/4 çay kaşığı tuz koyun;

bira kavanozları için miktarları ikiye katlayın.

c) Biber şeritleri ekleyin ve 1/2-inç bırakarak sıcak sirke karışımıyla kaplayın.

53. Acı biber turşusu

İçindekiler:

- Macar, muz, şili, jalapeno
- 4 lbs sıcak uzun kırmızı, yeşil veya sarı biber
- 3 kilo tatlı kırmızı ve yeşil biber, karışık
- 5 su bardağı sirke (%5)
- 1 su bardağı su
- 4 çay kaşığı konserve veya dekapaj tuzu
- 2 yemek kaşığı şeker
- 2 diş sarımsak

Verim: Yaklaşık 9 pint

Talimatlar:

a) Dikkat: Acı biberleri tutarken veya keserken plastik veya lastik eldiven giyin ve yüzünüze dokunmayın. Eldiven giymiyorsanız, yüzünüze veya gözlerinize dokunmadan önce ellerinizi sabun ve suyla iyice yıkayın.

b) Biberleri yıkayın. Küçük biberler bütün bırakılırsa, her birinde 2 ila 4 yarık açın. Çeyrek büyük biber.

c) Bu iki yöntemden birini kullanarak sert kabuklu acı biberleri kaynar suda veya kabarcıklı kabuklarda haşlayın:

d) Derileri kabartmak için fırın veya piliç yöntemi – Biberleri sıcak bir fırına (400°F) veya bir piliç altına, kabukları kabarana kadar 6 ila 8 dakika koyun.

e) Derileri kabartmak için en iyi yöntem – Sıcak brülörü (gaz veya elektrik) ağır tel örgü ile örtün.

f) Biberleri kabukları kabarana kadar birkaç dakika ocakta bekletin.

g) Kabukları kabardıktan sonra biberleri bir tencereye koyun ve nemli bir bezle örtün. (Biberlerin soyulması daha kolay olacaktır.) Birkaç dakika soğutun; derilerin kabuğu. Küçük biberleri düzleştirin. Çeyrek büyük biber. 1/2-inç üst boşluk bırakarak sıcak kavanozları biberle doldurun.

h) Diğer malzemeleri birleştirin ve kaynayana kadar ısıtın ve 10 dakika pişirin. Sarımsakları çıkarın. 1/2-inç üst boşluk bırakarak biberlerin üzerine sıcak dekapaj solüsyonu ekleyin.

i) Hava kabarcıklarını çıkarın ve gerekirse üst boşluğu ayarlayın. Kavanozların kenarlarını nemli temiz bir kağıt havluyla silin.

j) Kapakları ayarlayın ve işlem yapın.

54. Salamura jalapeno biber halkaları

İçindekiler:

- 3 kilo jalapeno biberi
- 1-1 / 2 bardak dekapaj kireci
- 1-1 / 2 galon su
- 7-1 / 2 bardak elma sirkesi (% 5)
- 1-3/4 su bardağı su
- 2-1 / 2 yemek kaşığı konserve tuzu
- 3 yemek kaşığı kereviz tohumu
- 6 yemek kaşığı hardal tohumu

Verim: Yaklaşık 6 pint kavanoz

Talimatlar:

a) Dikkat: Acı biberleri tutarken veya keserken plastik veya lastik eldiven giyin ve yüzünüze dokunmayın.

b) Biberleri iyice yıkayın ve 1/4 inç kalınlığında dilimler halinde dilimleyin. Kök ucunu atın.

c) 1-1 / 2 bardak dekapaj kirecini 1-1 / 2 galon su ile paslanmaz çelik, cam veya gıda sınıfı plastik bir kapta karıştırın. Kireç suyu çözeltisini karıştırırken kireç tozunu solumaktan kaçının.

d) Biber dilimlerini limonlu suda 18 saat boyunca ara sıra karıştırarak bekletin (12 ila 24 saat arası kullanılabilir). Islatılmış biber halkalarından kireç çözeltisini boşaltın.

e) Biberleri nazikçe ama iyice suyla yıkayın. Biber halkalarını taze soğuk suyla örtün ve buzdolabında 1 saat bekletin. Biberlerden suyu boşaltın. Durulama, ıslatma ve boşaltma adımlarını iki kez daha tekrarlayın. Sonunda iyice süzün.

f) Her sıcak bira bardağının dibine 1 yemek kaşığı hardal tohumu ve 1-1 / 2 çay kaşığı kereviz tohumu koyun. 1/2-inç üst boşluk bırakarak, süzülmüş biber halkalarını kavanozlara koyun. Elma sirkesi, 1-3/4 su bardağı su ve konserve tuzunu yüksek ateşte kaynatın. Kavanozlarda biber halkaları üzerinde sıcak tuzlu su çözeltisini kaynatıp 1/2-inç üst boşluk bırakın.

g) Hava kabarcıklarını çıkarın ve gerekirse üst boşluğu ayarlayın. Kavanozların kenarlarını nemli temiz bir kağıt havluyla silin.

h) Kapakları ayarlayın ve işlem yapın.

55. Turşu sarı biber halkaları

İçindekiler:

- 2-1/2 ila 3 lbs sarı (muz) biber
- 2 yemek kaşığı kereviz tohumu
- 4 yemek kaşığı hardal tohumu
- 5 su bardağı elma sirkesi (%5)
- 1-1/4 su bardağı su
- 5 çay kaşığı konserve tuzu

Verim: Yaklaşık 4 pint kavanoz

Talimatlar:

a) Biberleri iyice yıkayın ve sap ucunu çıkarın; biberleri 1/4 inç kalınlığında halkalar halinde dilimleyin. Her boş sıcak bira kavanozunun dibine 1/2 yemek kaşığı kereviz tohumu ve 1 yemek kaşığı hardal tohumu koyun.

b) Biber halkalarını 1/2-inç boşluk bırakarak kavanozlara doldurun. 4 litrelik bir Hollanda fırını veya tenceresinde elma sirkesi, su ve tuzu birleştirin; kaynayana kadar ısıtın. Biber halkalarını kaynar dekapaj sıvısı ile kaplayın ve 1/2-inç üst boşluk bırakın.

c) Hava kabarcıklarını çıkarın ve gerekirse üst boşluğu ayarlayın. Kavanozların kenarlarını nemli temiz bir kağıt havluyla silin.

d) Kapakları ayarlayın ve işlem yapın.

56. Salamura tatlı yeşil domates

İçindekiler:

- 10 ila 11 libre yeşil domates
- 2 su bardağı dilimlenmiş soğan
- 1/4 su bardağı konserve veya dekapaj tuzu
- 3 su bardağı esmer şeker
- 4 su bardağı sirke (%5)
- 1 yemek kaşığı hardal tohumu
- 1 yemek kaşığı yenibahar
- 1 yemek kaşığı kereviz tohumu
- 1 yemek kaşığı bütün karanfil

Verim: Yaklaşık 9 pint

Talimatlar:

a) Domatesleri ve soğanları yıkayıp dilimleyin. Kaseye koyun, 1/4 fincan tuz serpin ve 4 ila 6 saat bekletin.

Boşaltmak. Şekeri sirke içinde eriyene kadar ısıtın ve karıştırın.

b) Bir baharat torbasına hardal tohumu, yenibahar, kereviz tohumu ve karanfil bağlayın. Domates ve soğan ile sirke ekleyin. Gerekirse, parçaları kaplayacak şekilde minimum su ekleyin. Kaynatın ve yanmayı önlemek için gerektiği kadar karıştırarak 30 dakika pişirin. Domatesler uygun şekilde pişirildiğinde yumuşak ve şeffaf olmalıdır.

c) Baharat torbasını çıkarın. Sıcak kavanozu katı maddelerle doldurun ve 1/2-inç üst boşluk bırakarak sıcak asitleme solüsyonu ile kaplayın.

d) Hava kabarcıklarını çıkarın ve gerekirse üst boşluğu ayarlayın. Kavanozların kenarlarını nemli temiz bir kağıt havluyla silin.

e) Kapakları ayarlayın ve işlem yapın.

57. Salamura karışık sebze

İçindekiler:

- 4 libre 4 ila 5 inç salatalık turşusu
- 2 lbs soyulmuş ve dörde bölünmüş küçük soğan
- 4 bardak kesilmiş kereviz (1 inçlik parçalar)
- 2 su bardağı soyulmuş ve kesilmiş havuç (1/2-inç parçalar)
- 2 su bardağı kesilmiş tatlı kırmızı biber (1/2-inç parçalar)
- 2 su bardağı karnabahar çiçeği
- 5 su bardağı beyaz sirke (%5)
- 1/4 su bardağı hazır hardal
- 1/2 su bardağı konserve veya dekapaj tuzu
- 3-1/2 su bardağı şeker
- 3 yemek kaşığı kereviz tohumu
- 2 yemek kaşığı hardal tohumu
- 1/2 çay kaşığı bütün karanfil

- 1/2 çay kaşığı öğütülmüş zerdeçal

Verim: Yaklaşık 10 pint

Talimatlar:

a) Sebzeleri birleştirin, 2 inç küp veya kırılmış buzla kaplayın ve 3 ila 4 saat soğutun. 8 litrelik su ısıtıcısında sirke ve hardalı birleştirin ve iyice karıştırın. Tuz, şeker, kereviz tohumu, hardal tohumu, karanfil, zerdeçal ekleyin. Kaynamaya getirin. Sebzeleri boşaltın ve sıcak dekapaj çözeltisine ekleyin.

b) Örtün ve yavaş yavaş kaynatın. Sebzeleri boşaltın, ancak dekapaj çözeltisinden tasarruf edin. 1/2-inç üst boşluk bırakarak sebzeleri sıcak steril bira kavanozlarına veya sıcak litrelere doldurun. 1/2-inç üst boşluk bırakarak dekapaj solüsyonu ekleyin.

c) Hava kabarcıklarını çıkarın ve gerekirse üst boşluğu ayarlayın. Kavanozların

kenarlarını nemli temiz bir kağıt havluyla silin.

d) Kapakları ayarlayın ve işlem yapın.

58. Salamura ekmek ve tereyağlı kabak

İçindekiler:

- 16 su bardağı taze kabak, dilimlenmiş
- 4 su bardağı soğan, ince dilimlenmiş
- 1/2 su bardağı konserve veya dekapaj tuzu
- 4 su bardağı beyaz sirke (%5)
- 2 su bardağı şeker
- 4 yemek kaşığı hardal tohumu
- 2 yemek kaşığı kereviz tohumu
- 2 çay kaşığı öğütülmüş zerdeçal

Verim: Yaklaşık 8 ila 9 pint

Talimatlar:

a) Kabak ve soğan dilimlerini 1 inç su ve tuzla kaplayın. 2 saat bekletin ve iyice süzün. Sirke, şeker ve baharatları birleştirin. Kaynatın ve kabak ve soğanı ekleyin. 1/2-inç üst boşluk bırakarak, karışım ve asitleme solüsyonu ile 5 dakika ve hasta sıcak kavanozları kaynatın.

b) Hava kabarcıklarını çıkarın ve gerekirse üst boşluğu ayarlayın. Kavanozların kenarlarını nemli temiz bir kağıt havluyla silin.

c) Kapakları ayarlayın ve işlem yapın.

59. Chayote ve armut tadı

İçindekiler:

- 3-1 / 2 bardak soyulmuş, küplü chayote
- 3-1 / 2 su bardağı soyulmuş, küp doğranmış Seckel armut
- 2 su bardağı doğranmış kırmızı dolmalık biber
- 2 su bardağı doğranmış sarı dolmalık biber
- 3 su bardağı doğranmış soğan
- 2 Serrano biberi, doğranmış
- 2-1 / 2 su bardağı elma sirkesi (%5)
- 1-1 / 2 su bardağı su
- 1 su bardağı beyaz şeker
- 2 çay kaşığı konserve tuzu
- 1 çay kaşığı öğütülmüş yenibahar
- 1 çay kaşığı öğütülmüş balkabağı turta baharatı

Verim: Yaklaşık 5 litre kavanoz

Talimatlar:

a) Chayote ve armutları yıkayın, soyun ve çekirdekleri ve tohumları atarak 1/2-inç küpler halinde kesin. Soğanları ve biberleri doğrayın. Hollandalı bir fırında veya büyük bir tencerede sirke, su, şeker, tuz ve baharatları birleştirin. Bir kaynamaya getirin, şekeri eritmek için karıştırın.

b) Doğranmış soğan ve biberleri ekleyin; tekrar kaynatın ve ara sıra karıştırarak 2 dakika kaynatın.

c) Küplenmiş chayote ve armut ekleyin; kaynama noktasına geri dönün ve ısıyı çevirin. Sıcak katıları 1 inçlik üst boşluk bırakarak sıcak bira kavanozlarına doldurun. 1/2-inç kafa boşluğu bırakarak kaynar pişirme sıvısı ile kaplayın.

d) Hava kabarcıklarını çıkarın ve gerekirse üst boşluğu ayarlayın. Kavanozların kenarlarını nemli temiz bir kağıt havluyla silin.

e) Kapakları ayarlayın ve işlem yapın.

60. Piccalilli

İçindekiler:

- 6 su bardağı doğranmış yeşil domates
- 1-1 / 2 su bardağı doğranmış tatlı kırmızı biber
- 1-1 / 2 su bardağı doğranmış yeşil biber
- 2-1/4 su bardağı doğranmış soğan
- 7-1 / 2 bardak doğranmış lahana
- 1/2 su bardağı konserve veya dekapaj tuzu
- 3 yemek kaşığı bütün karışık dekapaj baharatı
- 4-1 / 2 bardak sirke (% 5)
- 3 su bardağı esmer şeker

Verim: Yaklaşık 9 yarım pint

Talimatlar:

a) Sebzeleri yıkayın, doğrayın ve 1/2 su bardağı tuzla birleştirin. Sıcak su ile örtün ve 12 saat bekletin. Tüm olası sıvıları çıkarmak için temiz beyaz bir bezle boşaltın ve bastırın. Baharatları bir baharat torbasına gevşek bir şekilde bağlayın ve kombine sirke ve kahverengi şekere ekleyin ve bir sos tavasında kaynatın.

b) Sebzeleri ekleyin ve 30 dakika veya karışımın hacmi yarı yarıya azalana kadar hafifçe kaynatın. Baharat torbasını çıkarın.

c) Sıcak steril kavanozları sıcak karışımla doldurun, 1/2-inç üst boşluk bırakın.

d) Hava kabarcıklarını çıkarın ve gerekirse üst boşluğu ayarlayın. Kavanozların kenarlarını nemli temiz bir kağıt havluyla silin.

e) Kapakları ayarlayın ve işlem yapın.

61. turşu tadı

İçindekiler:

- 3 litre doğranmış salatalık
- 3'er su bardağı doğranmış tatlı yeşil ve kırmızı biber
- 1 su bardağı doğranmış soğan
- 3/4 su bardağı konserve veya dekapaj tuzu
- 4 bardak buz
- 8 su bardağı su
- 2 su bardağı şeker
- 4 çay kaşığı hardal tohumu, zerdeçal, bütün yenibahar ve bütün karanfil
- 6 su bardağı beyaz sirke (%5)

Verim: Yaklaşık 9 pint

Talimatlar:

a) Suya salatalık, biber, soğan, tuz ve buzu ekleyin ve 4 saat bekletin. Sebzeleri süzün ve bir saat daha taze buzlu su ile örtün. Tekrar boşaltın.

b) Baharatları bir baharat veya tülbent torbasında birleştirin. Şeker ve sirkeye baharat ekleyin. Kaynayana kadar ısıtın ve karışımı sebzelerin üzerine dökün.

c) Örtün ve 24 saat soğutun. Karışımı kaynama noktasına kadar ısıtın ve sıcak kavanozlara 1/2-inç üst boşluk bırakarak ısıtın.

d) Hava kabarcıklarını çıkarın ve gerekirse üst boşluğu ayarlayın. Kavanozların kenarlarını nemli temiz bir kağıt havluyla silin.

e) Kapakları ayarlayın ve işlem yapın.

62. salamura mısır çeşnisi

İçindekiler:

- 10 su bardağı taze bütün çekirdek mısır
- 2-1/2 su bardağı doğranmış tatlı kırmızı biber
- 2-1/2 su bardağı doğranmış tatlı yeşil biber
- 2-1/2 bardak doğranmış kereviz
- 1-1/4 su bardağı doğranmış soğan
- 1-3/4 su bardağı şeker
- 5 su bardağı sirke (%5)
- 2-1/2 yemek kaşığı konserve veya dekapaj tuzu
- 2-1/2 çay kaşığı kereviz tohumu
- 2-1/2 yemek kaşığı kuru hardal
- 1-1/4 çay kaşığı zerdeçal

Verim: Yaklaşık 9 pint

Talimatlar:

a) Mısır kulaklarını 5 dakika kaynatın. Soğuk suya batırın. Bütün çekirdekleri koçandan kesin veya altı adet 10 onsluk dondurulmuş mısır paketi kullanın.

b) Biber, kereviz, soğan, şeker, sirke, tuz ve kereviz tohumunu bir tencerede birleştirin.

c) Kaynatın ve ara sıra karıştırarak 5 dakika pişirin. 1/2 bardak kaynamış karışımda hardal ve zerdeçal karıştırın. Bu karışımı ve mısırı sıcak karışıma ekleyin.

d) 5 dakika daha kaynatın. İstenirse, karışımı lor macunu ile koyulaştırın (1/4 su bardağı lor, 1/4 su bardağı su içinde karıştırılır) ve sık sık karıştırın. Sıcak kavanozları sıcak karışımla doldurun, 1/2-inç üst boşluk bırakın.

e) Hava kabarcıklarını çıkarın ve gerekirse üst boşluğu ayarlayın. Kavanozların kenarlarını nemli temiz bir kağıt havluyla silin.

f) Kapakları ayarlayın ve işlem yapın.

63. Turşu yeşil domates rendesi

İçindekiler:

- 10 lbs küçük, sert yeşil domates
- 1-1/2 lbs kırmızı dolmalık biber
- 1-1/2 lbs yeşil dolmalık biber
- 2 kilo soğan
- 1/2 su bardağı konserve veya dekapaj tuzu
- 1 qt su
- 4 su bardağı şeker
- 1 qt sirke (%5)
- 1/3 su bardağı hazır sarı hardal
- 2 yemek kaşığı mısır nişastası

Verim: Yaklaşık 7 ila 9 pint

Talimatlar:

a) Domatesleri, biberleri ve soğanları yıkayın ve kaba rendeleyin veya doğrayın.

Tuzu suda eritin ve büyük su ısıtıcısındaki sebzelerin üzerine dökün. Kaynayana kadar ısıtın ve 5 dakika pişirin. Kevgir içinde boşaltın. Sebzeleri su ısıtıcısına geri koyun.

b) Şeker, sirke, hardal ve mısır nişastası ekleyin. Karıştırmak için karıştırın. Kaynayana kadar ısıtın ve 5 dakika pişirin.

c) 1/2-inç üst boşluk bırakarak sıcak steril bira kavanozlarını sıcak lezzetle doldurun.

d) Hava kabarcıklarını çıkarın ve gerekirse üst boşluğu ayarlayın. Kavanozların kenarlarını nemli temiz bir kağıt havluyla silin.

e) Kapakları ayarlayın ve işlem yapın.

64. Turşu turp sosu

İçindekiler:

- 2 su bardağı (3/4 lb) taze rendelenmiş yaban turpu
- 1 su bardağı beyaz sirke (%5)
- 1/2 çay kaşığı konserve veya dekapaj tuzu
- 1/4 çay kaşığı toz askorbik asit

Verim: Yaklaşık 2 yarım pint

Talimatlar:

a) Taze yaban turpu keskinliği, soğutulduğunda bile 1 ila 2 ay içinde kaybolur. Bu nedenle, bir seferde yalnızca küçük miktarlarda yapın.

b) Yaban turpu köklerini iyice yıkayın ve kahverengi dış kabuğunu soyun. Soyulmuş kökler bir mutfak robotunda rendelenebilir veya küçük küpler halinde kesilebilir ve bir gıda öğütücüsünden geçirilebilir.

c) Malzemeyi ve hastayı, 1/4 inç üst boşluk bırakarak steril kavanozlarda birleştirin.

d) Kavanozları sıkıca kapatın ve buzdolabında saklayın.

65. Biber-soğan turşusu

İçindekiler:

- 6 su bardağı doğranmış soğan
- 3 su bardağı doğranmış tatlı kırmızı biber
- 3 su bardağı doğranmış yeşil biber
- 1-1/2 su bardağı şeker
- 6 su bardağı sirke (%5), tercihen beyaz damıtılmış
- 2 yemek kaşığı konserve veya dekapaj tuzu

Verim: Yaklaşık 9 yarım pint

Talimatlar:

a) Sebzeleri yıkayıp doğrayın. Tüm malzemeleri birleştirin ve karışım koyulaşıp hacim yarı yarıya azalana kadar (yaklaşık 30 dakika) hafifçe kaynatın.

b) Sıcak steril kavanozları sıcak lezzetle doldurun, 1/2 inç üst boşluk bırakın ve sıkıca kapatın.

c) Buzdolabında saklayın ve bir ay içinde kullanın.

66. Baharatlı jicama tadı

İçindekiler:

- 9 bardak doğranmış jicama
- 1 yemek kaşığı bütün karışık dekapaj baharatı
- 1 iki inç çubuk tarçın
- 8 su bardağı beyaz sirke (%5)
- 4 su bardağı şeker
- 2 çay kaşığı öğütülmüş kırmızı biber
- 4 su bardağı doğranmış sarı dolmalık biber
- 4-1/2 su bardağı doğranmış kırmızı dolmalık biber
- 4 su bardağı doğranmış soğan
- 2 taze parmak acı biber (her biri yaklaşık 6 inç), doğranmış ve kısmen tohumlanmış

Verim: Yaklaşık 7 pint kavanoz

Talimatlar:

a) Dikkat: Acı biberleri tutarken veya keserken plastik veya lastik eldiven giyin ve yüzünüze dokunmayın. Jicama'yı yıkayın, soyun ve düzeltin; zar.

b) Temiz, çift katmanlı, 6 inç karelik %100 pamuklu tülbent üzerine dekapaj baharatı ve tarçın koyun.

c) Köşeleri bir araya getirin ve temiz bir iple bağlayın. (Ya da satın alınan bir muslin baharat torbası kullanın.)

d) 4 litrelik bir Hollandalı fırında veya tencerede, dekapaj baharat torbası, sirke, şeker ve ezilmiş kırmızı biberi birleştirin. Kaynamaya bırakın, şekeri eritmek için karıştırın. Doğranmış jicama, tatlı biber, soğan ve parmak acısını ilave edin. Karışımı kaynamaya döndürün.

e) Isıyı azaltın ve kapağı kapalı olarak orta-düşük ısıda yaklaşık 25 dakika pişirin. Baharat torbasını atın. 1/2-inç boşluk bırakarak sıcak bira kavanozlarına doldurun. 1/2-inç üst boşluk bırakarak sıcak dekapaj sıvısı ile kaplayın.

f) Hava kabarcıklarını çıkarın ve gerekirse üst boşluğu ayarlayın. Kavanozların kenarlarını nemli temiz bir kağıt havluyla silin.

g) Kapakları ayarlayın ve işlem yapın.

67. Keskin tomatillo lezzeti

İçindekiler:

- 12 su bardağı doğranmış tomatillo
- 3 su bardağı doğranmış jicama
- 3 su bardağı doğranmış soğan
- 6 su bardağı doğranmış erik tipi domates
- 1-1/2 su bardağı doğranmış yeşil dolmalık biber
- 1-1/2 su bardağı doğranmış kırmızı dolmalık biber
- 1-1/2 su bardağı doğranmış sarı dolmalık biber
- 1 su bardağı konserve tuzu
- 2 litre su
- 6 yemek kaşığı bütün karışık dekapaj baharatı
- 1 yemek kaşığı toz kırmızıbiber (isteğe bağlı)
- 6 su bardağı şeker
- 6-1/2 bardak elma sirkesi (% 5)

Verim: Yaklaşık 6 veya 7 pint

Talimatlar:

a) Tomatilloların kabuklarını ayıklayın ve iyice yıkayın. Jicama ve soğanı soyun. Tüm sebzeleri budamadan ve doğramadan önce iyice yıkayın.

b) Doğranmış tomatilloları, jicama'yı, soğanı, domatesleri ve tüm dolmalık biberleri 4 litrelik bir Hollanda fırınına veya tencereye koyun. Konserve tuzunu suda eritin. Hazırlanan sebzelerin üzerine dökün. Kaynayana kadar ısıtın; 5 dakika kaynatın.

c) Tülbent astarlı bir süzgeçten iyice süzün (artık su damlamayana kadar, yaklaşık 15 ila 20 dakika).

d) Dekapaj baharatını ve isteğe bağlı kırmızı biber göllerini temiz, çift katmanlı, 6 inç karelik bir parçanın üzerine yerleştirin.

68. Şeker ilavesiz pancar turşusu

İçindekiler:

- 7 libre 2 ila 2-1 / 2 inç çapında pancar
- 4 ila 6 soğan (2- ila 2-1 / 2-inç çapında), istenirse
- 6 su bardağı beyaz sirke (yüzde 5)
- 1-1 / 2 çay kaşığı konserve veya dekapaj tuzu
- 2 bardak Splenda
- 3 su bardağı su
- 2 çubuk tarçın
- 12 bütün karanfil

Verim: Yaklaşık 8 pint

Talimatlar:

a) Pancar üstlerini kesin, rengin akmasını önlemek için 1 inç gövde ve kök bırakın. İyice yıkayın. Boyuta göre sıralayın.

b) Benzer boyutları kaynar suyla birlikte örtün ve yumuşayana kadar pişirin (yaklaşık 25 ila 30 dakika). Dikkat: Sıvıyı boşaltın ve atın. Soğuk pancar.

c) Köklerin ve gövdelerin kırpılması ve derilerin kayması. 1/4 inçlik dilimler halinde dilimleyin. Soğanları soyun, yıkayın ve ince ince dilimleyin.

d) Büyük Hollanda fırınında sirke, tuz, Splenda® ve 3 su bardağı tatlı suyu birleştirin. Tülbent torbaya tarçın çubuklarını ve karanfilleri bağlayın ve sirke karışımına ekleyin.

e) Kaynamaya getirin. Pancar ve soğan ekleyin. Kaynatma

f) 5 dakika. Baharat torbasını çıkarın. Sıcak pancarları ve soğan dilimlerini sıcak bira kavanozlarına doldurun ve 1/2-inç boşluk bırakın. 1/2-inç üst boşluk bırakarak kaynar sirke çözeltisi ile kaplayın.

g) Hava kabarcıklarını çıkarın ve gerekirse üst boşluğu ayarlayın. Kavanozların

kenarlarını nemli temiz bir kağıt havluyla silin.

h) Kapakları ayarlayın ve işlem yapın.

69. tatlı salatalık turşusu

İçindekiler:

- 3-1 / 2 libre salatalık turşusu
- dilimlenmiş salatalıkları örtmek için kaynar su
- 4 su bardağı elma sirkesi (%5)
- 1 su bardağı su
- 3 bardak Splenda®
- 1 yemek kaşığı konserve tuzu
- 1 yemek kaşığı hardal tohumu
- 1 yemek kaşığı bütün yenibahar
- 1 yemek kaşığı kereviz tohumu
- 4 bir inç tarçın çubukları

Verim: Yaklaşık 4 veya 5 pint kavanoz

Talimatlar:

a) Salatalıkları yıkayın. Çiçeğin 1/16 inçlik uçlarını dilimleyin ve atın. Salatalıkları

1/4 inç kalınlığında dilimler halinde dilimleyin. Salatalık dilimlerinin üzerine kaynar su dökün ve 5-10 dakika bekletin.

b) Sıcak suyu boşaltın ve salatalıkların üzerine soğuk su dökün. Salatalık dilimlerinin üzerinden sürekli olarak soğuk su akıtın veya salatalık soğuyana kadar sık sık su değiştirin. Dilimleri iyi süzün.

c) Sirke, 1 su bardağı su, Splenda® ve tüm baharatları 10 litrelik bir Hollanda fırınında veya tencerede karıştırın. Kaynamaya getirin. Kaynayan sıvıya dikkatlice süzülmüş salatalık dilimlerini ekleyin ve tekrar kaynatın.

d) İsterseniz her boş sıcak kavanoza bir çubuk tarçın koyun. Sıcak turşu dilimlerini sıcak bira kavanozlarına doldurun ve 1/2-inç üst boşluk bırakın. 1/2-inç üst boşluk bırakarak kaynar dekapaj tuzlu su ile kaplayın.

e) Hava kabarcıklarını çıkarın ve gerekirse üst boşluğu ayarlayın. Kavanozların

kenarlarını nemli temiz bir kağıt havluyla silin.

f) Kapakları ayarlayın ve işlem yapın.

70. Sdilimlenmiş dereotu turşusu

İçindekiler:

- 4 libre (3 ila 5 inç) salatalık turşusu
- 6 su bardağı sirke (%5)
- 6 su bardağı şeker
- 2 yemek kaşığı konserve veya dekapaj tuzu
- 1-1 / 2 çay kaşığı kereviz tohumu
- 1-1 / 2 çay kaşığı hardal tohumu
- 2 büyük soğan, ince dilimlenmiş
- 8 baş taze dereotu

Verim: Yaklaşık 8 pint

Talimatlar:

a) Salatalıkları yıkayın. 1/16 inçlik çiçek ucunu kesin ve atın. Salatalıkları 1/4 inç dilimler halinde kesin. Büyük bir tencerede sirke, şeker, tuz, kereviz ve hardal tohumlarını birleştirin. Karışımı kaynama noktasına getirin.

b) Her sıcak bira bardağı kavanozunun altına 2 dilim soğan ve 1/2 dereotu koyun. 1/2-inç üst boşluk bırakarak sıcak kavanozları salatalık dilimleriyle doldurun.

c) Üzerine 1 dilim soğan ve 1/2 dereotu ekleyin. 1/4 inç üst boşluk bırakarak salatalıkların üzerine sıcak dekapaj solüsyonu dökün.

d) Hava kabarcıklarını çıkarın ve gerekirse üst boşluğu ayarlayın. Kavanozların kenarlarını nemli temiz bir kağıt havluyla silin.

e) Kapakları ayarlayın ve işlem yapın.

71. Dilimlenmiş tatlı turşu

İçindekiler:

- 4 libre (3 ila 4 inç) salatalık turşusu

Brining çözümü:

- 1 qt damıtılmış beyaz sirke (%5)
- 1 yemek kaşığı konserve veya dekapaj tuzu
- 1 yemek kaşığı hardal tohumu
- 1/2 su bardağı şeker

Konserve şurubu:

- 1-2/3 su bardağı damıtılmış beyaz sirke (%5)
- 3 su bardağı şeker
- 1 yemek kaşığı bütün yenibahar
- 2-1/4 çay kaşığı kereviz tohumu

Verim: Yaklaşık 4 ila 5 pint

Talimatlar:

a) Salatalıkları yıkayın ve 1/16 inç çiçek ucunu kesin ve atın. Salatalıkları 1/4 inç dilimler halinde kesin. Konserve şurubu için tüm malzemeleri bir tencerede birleştirin ve kaynatın. Şurubu kullanılana kadar sıcak tutun.

b) Büyük bir su ısıtıcısında, salamura çözeltisi için malzemeleri karıştırın. Kesilmiş salatalıkları ekleyin, örtün ve salatalıkların rengi parlaktan donuk yeşile dönene kadar pişirin (yaklaşık 5 ila 7 dakika). Salatalık dilimlerini süzün.

c) Sıcak kavanozları doldurun ve 1/2-inç üst boşluk bırakarak sıcak konserve şurubu ile kaplayın.

d) Hava kabarcıklarını çıkarın ve gerekirse üst boşluğu ayarlayın. Kavanozların kenarlarını nemli temiz bir kağıt havluyla silin.

e) Kapakları ayarlayın ve işlem yapın.

REÇELLER VE JÖLELER

72. elma reçeli

İçindekiler:

- 2 su bardağı soyulmuş, özlü ve doğranmış armut
- 1 su bardağı soyulmuş, özlü ve doğranmış elma
- 6-1 / 2 su bardağı şeker
- 1/4 çay kaşığı öğütülmüş tarçın
- 1/3 su bardağı şişelenmiş limon suyu
- 6 oz sıvı pektin

Verim: Yaklaşık 7 ila 8 yarım pint

Talimatlar:

a) Elmaları ve armutları büyük bir tencerede ezin ve tarçınla karıştırın.

b) Şeker ve limon suyunu meyvelerle iyice karıştırın ve sürekli karıştırarak yüksek ateşte kaynatın. Hemen pektin içinde karıştırın. Tam bir kaynama noktasına getirin ve sürekli karıştırarak 1 dakika sert kaynatın.

c) Isıdan çıkarın, köpüğü çabucak alın ve 1/4 inç üst boşluk bırakarak steril kavanozları doldurun. Kavanozların kenarlarını nemli temiz bir kağıt havluyla silin.

d) Kapakları ayarlayın ve işlem yapın.

73. Çilek-ravent jöle

İçindekiler:

- 1-1 / 2 lbs kırmızı ravent sapı
- 1-1 / 2 litre olgun çilek
- Köpürmeyi azaltmak için 1/2 çay kaşığı tereyağı veya margarin (isteğe bağlı)
- 6 su bardağı şeker
- 6 oz sıvı pektin

Verim: Yaklaşık 7 yarım pint

Talimatlar:

a) Raventi yıkayın ve 1 inçlik parçalar halinde kesin ve karıştırın veya öğütün. Bir tencerede çilekleri teker teker yıkayın, saplayın ve ezin.

b) Her iki meyveyi de bir jöle torbasına veya çift kat tülbent içine koyun ve suyunu yavaşça sıkın. 3-1 / 2 bardak suyu büyük bir tencereye ölçün. Tereyağı ve şekeri ekleyin, meyve suyuna iyice karıştırın.

c) Sürekli karıştırarak yüksek ateşte kaynatın. Hemen pektin içinde karıştırın. Tam bir kaynama noktasına getirin ve sürekli karıştırarak 1 dakika sert kaynatın.

d) Isıdan çıkarın, köpüğü hızla alın ve 1/4 inç üst boşluk bırakarak steril kavanozları doldurun. Kavanozların kenarlarını nemli temiz bir kağıt havluyla silin.

e) Kapakları ayarlayın ve işlem yapın.

74. yaban mersini-baharat reçeli

İçindekiler:

- 2-1 / 2 pint olgun yaban mersini
- 1 yemek kaşığı limon suyu
- 1/2 çay kaşığı öğütülmüş hindistan cevizi veya tarçın
- 5-1 / 2 su bardağı şeker
- 3/4 su bardağı su
- 1 kutu (1-3/4 oz) toz pektin

Verim: Yaklaşık 5 yarım pint

Talimatlar:

a) Bir tencerede yaban mersini, her seferinde bir katman olacak şekilde yıkayın ve iyice ezin. Limon suyu, baharat ve su ekleyin. Pektini karıştırın ve sık sık karıştırarak yüksek ateşte tam kaynama noktasına getirin.

b) Şekeri ekleyin ve tam kaynama noktasına geri dönün. 1 dakika boyunca sürekli karıştırarak sert bir şekilde kaynatın.

c) Isıdan çıkarın, köpüğü hızla alın ve 1/4 inç üst boşluk bırakarak steril kavanozları doldurun. Kavanozların kenarlarını nemli temiz bir kağıt havluyla silin.

d) Kapakları ayarlayın ve işlem yapın.

75. Üzüm-erik jölesi

İçindekiler:

- 3-1 / 2 lbs olgun erik
- 3 lbs olgun Concord üzümleri
- 1 su bardağı su
- Köpürmeyi azaltmak için 1/2 çay kaşığı tereyağı veya margarin (isteğe bağlı)
- 8-1 / 2 su bardağı şeker
- 1 kutu (1-3/4 oz) toz pektin

Verim: Yaklaşık 10 yarım pint

Talimatlar:

a) Erikleri yıkayın ve çukurlaştırın; soymayın. Erikleri ve üzümleri birer birer su ile bir tencerede iyice ezin. Kaynatın, örtün ve 10 dakika pişirin.

b) Suyu bir jöle torbasından veya çift kat tülbentten süzün. Şekeri ölçün ve bir kenara koyun.

c) 6-1 / 2 bardak suyu büyük bir tencerede tereyağı ve pektin ile birleştirin. Yüksek ateşte, sürekli karıştırarak, sert bir kaynamaya getirin. Şekeri ekleyin ve tam kaynama noktasına geri dönün. 1 dakika boyunca sürekli karıştırarak sert bir şekilde kaynatın.

d) Isıdan çıkarın, köpüğü hızla alın ve 1/4 inç üst boşluk bırakarak steril kavanozları doldurun. Kavanozların kenarlarını nemli temiz bir kağıt havluyla silin.

e) Kapakları ayarlayın ve işlem yapın.

76. Altın biber jölesi

İçindekiler:

- 5 su bardağı doğranmış sarı dolmalık biber
- ½ fincan doğranmış Serrano şili biberi
- 1-1 / 2 bardak beyaz damıtılmış sirke (% 5)
- 5 su bardağı şeker
- 1 poşet (3 oz.) sıvı pektin

Verim: Yaklaşık 5 yarım litre kavanoz

Talimatlar:

a) Tüm biberleri iyice yıkayın; biberlerin saplarını ve çekirdeklerini çıkarın. Tatlı ve acı biberleri bir blender veya mutfak robotuna koyun.

b) Biberleri püre haline getirmek için yeterince sirke ekleyin, ardından püre haline getirin. Biber sirkesi püresini ve kalan sirkeyi 8 veya 10 litrelik bir tencerede birleştirin. Kaynayana kadar ısıtın; daha sonra tatları ve rengi çıkarmak için 10 dakika kaynatın.

c) Ateşten alın ve bir jöle torbasından bir kaseye süzün. (Jöleli poşet tercih edilir, birkaç kat tülbent de kullanılabilir.)

d) 2-1/4 bardak süzülmüş biber-sirke suyunu tekrar tencereye alın. Şeker eriyene kadar karıştırın ve karışımı tekrar kaynatın. Pektini ekleyin, tam kaynama noktasına dönün ve sürekli karıştırarak 1 dakika boyunca sert bir şekilde kaynatın.

e) Isıdan çıkarın, köpüğü hızla alın ve 1/4 inç boşluk bırakarak steril kavanozlara doldurun. Kavanozların kenarlarını nemli temiz bir kağıt havluyla silin.

f) Kapakları ayarlayın ve işlem yapın.

77. Şeftali-ananas yayılması

İçindekiler:

- 4 su bardağı süzülmüş şeftali posası
- 2 su bardağı süzülmüş şekersiz ezilmiş ananas
- 1/4 su bardağı şişelenmiş limon suyu
- 2 su bardağı şeker (isteğe bağlı)

Verim: 5 ila 6 yarım pint

Talimatlar:

a) 4 ila 6 kilo sert, olgun şeftaliyi iyice yıkayın. İyice süzün. Çukurları soyun ve çıkarın. Meyve etini orta veya kalın bir bıçakla ezin veya çatalla ezin (blender kullanmayın).

b) 2 litrelik bir tencereye öğütülmüş veya ezilmiş meyve koyun. Meyve suyunu çıkarmak için yavaşça ısıtın, meyve yumuşayana kadar sürekli karıştırın.

c) Pişmiş meyveleri dört kat tülbent ile kaplı bir jöle torbasına veya süzgecine koyun. Meyve suyunun yaklaşık 15 dakika damlamasına izin verin. Meyve suyunu jöle veya diğer kullanımlar için saklayın.

d) Yaymak için 4 su bardağı süzülmüş meyve posası ölçün. 4 litrelik bir tencerede 4 bardak posa, ananas ve limon suyunu birleştirin. Dilerseniz 2 su bardağı kadar şeker ekleyin ve iyice karıştırın. 10 ila 15 dakika hafifçe ısıtın ve kaynatın, yapışmayı önleyecek kadar karıştırın.

e) Sıcak kavanozları çabucak doldurun ve 1/4 inç boşluk bırakın. Kavanozların kenarlarını nemli temiz bir kağıt havluyla silin.

f) Kapakları ayarlayın ve işlem yapın.

78. Soğutulmuş elma yayıldı

İçindekiler:

- 2 yemek kaşığı tatlandırılmamış jelatin tozu
- 1 qt şişe şekersiz elma suyu
- 2 yemek kaşığı şişelenmiş limon suyu
- 2 yemek kaşığı sıvı düşük kalorili tatlandırıcı İstenirse gıda boyası

Verim: 4 yarım pint

Talimatlar:

a) Bir tencerede elma ve limon sularındaki jelatini yumuşatın. Jelatini çözmek için tam kaynama noktasına getirin ve 2 dakika kaynatın. Ateşten alın. İsterseniz tatlandırıcı ve gıda boyasını karıştırın.

b) 1/4 inç boşluk bırakarak kavanozları doldurun. Kavanozların kenarlarını nemli temiz bir kağıt havluyla silin. Kapakları ayarlayın. İşlem yapmayın veya dondurmayın.

c) Buzdolabında saklayın ve 4 hafta içinde kullanın.

79. Buzdolabında üzüm serpme

İçindekiler:

- 2 yemek kaşığı tatlandırılmamış jelatin tozu
- 1 şişe (24 oz) şekersiz üzüm suyu
- 2 yemek kaşığı şişelenmiş limon suyu
- 2 yemek kaşığı sıvı düşük kalorili tatlandırıcı

Verim: 3 yarım pint

Talimatlar:

a) Bir tencerede üzüm ve limon sularındaki jelatini yumuşatın. Jelatini çözmek için tam kaynama noktasına getirin. 1 dakika kaynatın ve ocaktan alın. Tatlandırıcıyı karıştırın.

b) Sıcak kavanozları çabucak doldurun ve 1/4 inç boşluk bırakın. Kavanozların kenarlarını nemli temiz bir kağıt havluyla silin.

c) Kapakları ayarlayın. İşlem yapmayın veya dondurmayın.

d) Buzdolabında saklayın ve 4 hafta içinde kullanın.

80. Pektin Eklenmemiş Elma Jölesi

İçindekiler:

- 4 su bardağı elma suyu
- Arzuya göre 2 yemek kaşığı süzülmüş limon suyu
- 3 su bardağı şeker

4 ila 5 yarım litrelik kavanoz yapar.

Talimatlar:

a) Meyve suyu hazırlamak için. Dörtte bir olgunlaşmamış elmanın dörtte üçü tamamen olgun tart meyvesi kullanın.

b) Sap ve çiçek uçlarını ayırın, yıkayın ve çıkarın; pare veya çekirdek yapmayın. Elmaları küçük parçalar halinde kesin. Su ekleyin, örtün ve yüksek ateşte kaynatın. Isıyı azaltın ve 20 ila 25 dakika veya elmalar yumuşayana kadar pişirin. Özü suyu.

c) Jöle yapmak için. Elma suyunu bir su ısıtıcısına ölçün. Limon suyu ve şekeri ekleyip iyice karıştırın. Yüksek ısıda suyun kaynama noktasının 8 °F üzerinde veya jöle karışımı bir kaşıktan bir tabakaya düşene kadar kaynatın.

d) Ateşten alın; köpüğü hızla alın. Jöleyi hemen üstten $\frac{1}{4}$ inç olacak şekilde sıcak, steril konserve kavanozlarına dökün. Kaynar su banyosunda 5 dakika kapatın ve işleyin.

81. Pektin Eklenmemiş Elma Marmelatı

İçindekiler:

- 8 su bardağı ince dilimlenmiş elma
- 1 portakal
- 1½ su bardağı su
- 5 su bardağı şeker
- 2 yemek kaşığı limon suyu

Talimatlar:

a) Meyve hazırlamak için. Tart elmaları seçin. Elmaları yıkayın, soyun, dörde bölün ve çekirdeklerini çıkarın. İnce dilimleyin. Portakalı dörde bölün, çekirdeklerini çıkarın ve çok ince dilimleyin.

b) Marmelat yapmak için. Su ve şekeri şeker eriyene kadar ısıtın. Limon suyu ve meyveyi ekleyin. Suyun kaynama noktasının 9 °F üzerinde veya karışım koyulaşana kadar sürekli karıştırarak hızla kaynatın. Ateşten alın; sıyırmak.

c) Üstten ½ inç olacak şekilde hemen sıcak, steril konserve kavanozlarına dökün. Fok. Kaynar su banyosunda 5 dakika işleyin.

d) 6 veya 7 yarım litrelik kavanoz yapar.

82. Pektin Eklenmemiş Böğürtlenli Jöle

İçindekiler:

- 8 su bardağı böğürtlen suyu
- 6 su bardağı şeker

Talimatlar:

a) Meyve suyu hazırlamak için. Dörtte bir olgunlaşmamış meyvelerden dörtte üçü olgun meyveye kadar bir oran seçin. Sıralayın ve yıkayın; sapları veya kapakları çıkarın. Çilekleri ezin, su ekleyin, örtün ve yüksek ateşte kaynatın. Isıyı azaltın ve 5 dakika pişirin. Özü suyu.

b) Jöle yapmak için. Suyu bir su ısıtıcısına ölçün. Şeker ekleyin ve iyice karıştırın. Yüksek ısıda suyun kaynama noktasının 8 °F üzerinde veya jöle karışımı bir kaşıktan bir tabakaya düşene kadar kaynatın.

c) Ateşten alın; köpüğü hızla alın. Jöleyi hemen üstten $\frac{1}{4}$ inç olacak şekilde sıcak, steril konserve kavanozlarına dökün.

Mühürleyin ve kaynar su banyosunda 5 dakika işleyin.

7 veya 8 yarım litrelik kavanoz yapar.

83. Toz Pektinli Vişneli Jöle

İçindekiler:

- 3 ½ su bardağı vişne suyu
- 1 paket toz pektin
- 4 ½ su bardağı şeker

Talimatlar:

a) Meyve suyu hazırlamak için. Tamamen olgunlaşmış kirazları seçin. Sapları sıralayın, yıkayın ve çıkarın; çukur yapma. Kirazları ezin, su ekleyin, örtün, yüksek ateşte kaynatın. Isıyı azaltın ve 10 dakika pişirin. Özü suyu.

b) Jöle yapmak için. Suyu bir su ısıtıcısına ölçün. Pektin ekleyin ve iyice karıştırın. Yüksek ısıya koyun ve sürekli karıştırarak, karıştırılamayacak kadar hızlı bir şekilde tam kaynama noktasına getirin.

c) Şeker ekleyin, karıştırmaya devam edin ve tekrar tam kaynama noktasına kadar ısıtın. 1 dakika sert kaynatın.

d) Ateşten alın; köpüğü hızla alın. Jöleyi hemen üstten $\frac{1}{4}$ inç olacak şekilde sıcak, steril konserve kavanozlarına dökün. Mühürleyin ve kaynar su banyosunda 5 dakika işleyin.

Yaklaşık altı adet 8 onsluk kavanoz yapar.

84. Toz Pektinli Kiraz Reçeli

İçindekiler:

- 4 su bardağı çekilmiş çekirdeksiz kiraz
- 1 paket toz pektin
- 5 su bardağı şeker

Talimatlar:

a) Meyve hazırlamak için. Tamamen olgunlaşmış kirazları ayırın ve yıkayın; sapları ve çukurları çıkarın. Kirazları ezin veya ince doğrayın.

b) Reçel yapmak için. Önceden soyulmuş kirazları bir su ısıtıcısına ölçün. Pektin ekleyin ve iyice karıştırın. Yüksek ısıya koyun ve sürekli karıştırarak, tüm yüzey üzerinde kabarcıklar ile hızlı bir şekilde tam kaynamaya getirin.

c) Şeker ekleyin, karıştırmaya devam edin ve tekrar tam köpüren kaynama noktasına kadar ısıtın. 1 dakika boyunca sürekli karıştırarak sert bir şekilde kaynatın. Ateşten alın; sıyırmak.

d) Üstten $\frac{1}{4}$ inç kadar sıcak, steril konserve kavanozlarına hemen dökün. Kaynar su banyosunda 5 dakika kapatın ve işleyin.

6 yarım litrelik kavanoz yapar.

85. Sıvı Pektinli İncir Reçeli

İçindekiler:

- 4 su bardağı ezilmiş incir (yaklaşık 3 pound incir)
- $\frac{1}{2}$ fincan limon suyu
- 7 $\frac{1}{2}$ su bardağı şeker
- $\frac{1}{2}$ şişe sıvı pektin

Talimatlar:

a) Meyve hazırlamak için. Tamamen olgun incirleri ayırın ve yıkayın; kök uçlarını çıkarın. Meyveleri ezin veya öğütün.

b) Reçel yapmak için. Ezilmiş incirleri ve limon suyunu bir su ısıtıcısına koyun. Şeker ekleyin ve iyice karıştırın. Yüksek ısıya koyun ve sürekli karıştırarak, tüm yüzey üzerinde kabarcıklar oluşturacak şekilde çabucak tam bir kaynama noktasına getirin. 1 dakika boyunca sürekli karıştırarak sert bir şekilde kaynatın.

c) Ateşten alın. Pektini karıştırın. Köpüğü hızla alın. Üstten $\frac{1}{4}$ inç kadar sıcak, steril konserve kavanozlarına hemen dökün.

Kaynar su banyosunda 5 dakika kapatın ve işleyin.

Yaklaşık 9 yarım litrelik kavanoz yapar.

86. Toz Pektinli Üzüm Jölesi

İçindekiler:

- 5 su bardağı üzüm suyu
- 1 paket toz pektin
- 7 su bardağı şeker

Talimatlar:

a) Meyve suyu hazırlamak için. Tamamen olgunlaşmış üzümlerin saplarını ayırın, yıkayın ve çıkarın. Üzümleri ezin, su ekleyin, örtün ve yüksek ateşte kaynatın. Isıyı azaltın ve 10 dakika pişirin. Öz suyu..

b) Jöle yapmak için. Suyu bir su ısıtıcısına ölçün. Pektin ekleyin ve iyice karıştırın. Yüksek ısıya koyun ve sürekli karıştırarak, karıştırılamayacak kadar hızlı bir şekilde tam kaynama noktasına getirin.

c) Şekeri ekleyin, karıştırmaya devam edin ve tekrar tam kaynama noktasına getirin. 1 dakika sert kaynatın.

d) Ateşten alın; köpüğü hızla alın. Jöleyi hemen üstten $\frac{1}{4}$ inç olacak şekilde sıcak, steril konserve kavanozlarına dökün. Kaynar su banyosunda 5 dakika kapatın ve işleyin.

8 veya 9 yarım litrelik kavanoz yapar.

87. Sıvı Pektinli Nane-Ananas Reçeli

İçindekiler:

- Bir 20 oz. ezilmiş ananas $\frac{1}{2}$ su bardağı su
- $\frac{1}{4}$ fincan limon suyu
- 7 $\frac{1}{2}$ su bardağı şeker
- 1 şişe sıvı pektin $\frac{1}{2}$ çay kaşığı nane özü
  Birkaç damla yeşil renklendirme

Talimatlar:

a) Ezilmiş ananası bir su ısıtıcısına koyun. Su, limon suyu ve şekeri ekleyin. İyice karıştırın.

b) Yüksek ısıya koyun ve sürekli karıştırın, tüm yüzey üzerinde kabarcıklar ile hızlı bir şekilde tam kaynamaya getirin. 1 dakika boyunca sürekli karıştırarak sert bir şekilde kaynatın. Ateşten alın; pektin, aroma özü ve renklendirici ekleyin. Sıyırmak.

c) Üstten $\frac{1}{4}$ inç kadar sıcak, steril konserve kavanozlarına hemen dökün. Kaynar su banyosunda 5 dakika kapatın ve işleyin.

9 veya 10 yarım litrelik kavanoz yapar.

88. Sıvı Pektinli Karışık Meyve Jölesi

İçindekiler:

- 2 su bardağı kızılcık suyu
- 2 su bardağı ayva suyu
- 1 su bardağı elma suyu
- 7 ½ su bardağı şeker
- ½ şişe sıvı pektin

Talimatlar:

a) Meyve hazırlamak için. Tamamen olgunlaşmış kızılcıkları ayırın ve yıkayın. Su ekleyin, örtün ve yüksek ateşte kaynatın. Isıyı azaltın ve 20 dakika pişirin. Özü suyu.

b) Ayvaları ayıklayıp yıkayın. Kök ve çiçek uçlarını çıkarın; pare veya çekirdek yapmayın. Çok ince dilimleyin veya küçük parçalar halinde kesin. Su ekleyin, örtün ve yüksek ateşte kaynatın. Isıyı azaltın ve 25 dakika pişirin. Özü suyu.

c) Elmaları sıralayın ve yıkayın. Kök ve çiçek uçlarını çıkarın; pare veya çekirdek yapmayın. Küçük parçalar halinde kesin.

Su ekleyin, örtün ve yüksek ateşte kaynatın. Isıyı azaltın ve 20 dakika pişirin. Özü suyu.

d) Jöle yapmak için. Suyu bir su ısıtıcısına ölçün. Şekerle karıştırın. Yüksek ısıya koyun ve sürekli karıştırarak, karıştırılamayacak kadar hızlı bir şekilde tam, yuvarlanan bir kaynamaya getirin.

e) Pektin ekleyin ve tam, yuvarlanan bir kaynamaya geri dönün. 1 dakika sert kaynatın.

f) Ateşten alın; köpüğü hızla alın. Jöleyi hemen üstten $\frac{1}{4}$ inç olacak şekilde sıcak, steril konserve kavanozlarına dökün. Mühürleyin ve kaynar su banyosunda 5 dakika işleyin.

Dokuz veya on 8 onsluk kavanoz yapar.

89. portakallı jöle

İçindekiler:

- 3 ¼ su bardağı şeker
- 1 su bardağı su
- 3 yemek kaşığı limon suyu ½ şişe sıvı pektin
- Bir 6 onsluk kutu (¾ fincan) dondurulmuş konsantre portakal suyu

Talimatlar:

a) Şekeri suya karıştırın. Yüksek ısıya koyun ve sürekli karıştırarak, karıştırılamayacak kadar hızlı bir şekilde tam, yuvarlanan bir kaynamaya getirin.

b) Limon suyu ekleyin. 1 dakika sert kaynatın.

c) Ateşten alın. Pektini karıştırın. Çözülmüş konsantre portakal suyunu ekleyin ve iyice karıştırın.

d) Jöleyi hemen üstten ¼ inç olacak şekilde sıcak, steril konserve kavanozlarına dökün. Kaynar su banyosunda 5 dakika kapatın ve işleyin.

4 veya 5 yarım litrelik kavanoz yapar.

e)

90. Baharatlı Portakallı Jöle

İçindekiler:

- 2 su bardağı portakal suyu
- 1/3 bardak limon suyu
- 2/3 su bardağı su
- 1 paket toz pektin
- 2 yemek kaşığı portakal kabuğu, doğranmış
- 1 çay kaşığı bütün yenibahar
- ½ çay kaşığı bütün karanfil
- 4 çubuk tarçın, 2 inç uzunluğunda
- 3 ½ su bardağı şeker

Talimatlar:

a) Portakal suyu, limon suyu ve suyu büyük bir tencerede karıştırın.

b) Pektini karıştırın.

c) Portakal kabuğu, yenibahar, karanfil ve tarçın çubuklarını temiz beyaz bir beze gevşek bir şekilde yerleştirin, bir ip ile bağlayın ve meyve karışımını ekleyin.

d) Yüksek ısıya koyun ve sürekli karıştırarak, karıştırılamayacak kadar hızlı bir şekilde tam, yuvarlanan bir kaynamaya getirin.

e) Şeker ekleyin, karıştırmaya devam edin ve tekrar tam, yuvarlanan bir kaynamaya kadar ısıtın. 1 dakika sert kaynatın.

f) Ateşten alın. Baharat torbasını çıkarın ve köpüğü hızla alın. Jöleyi hemen üstten $\frac{1}{4}$ inç olacak şekilde sıcak, steril konserve kavanozlarına dökün. Mühürleyin ve kaynar su banyosunda 5 dakika işleyin.

4 yarım litrelik kavanoz yapar.

91. Portakal marmelatı

İçindekiler:

- ¾ su bardağı greyfurt kabuğu (½ greyfurt)
- ½ su bardağı portakal kabuğu (1 portakal)
- 13/ fincan limon kabuğu (1 limon)
- 1 litre soğuk su
- 1 greyfurt posası
- 4 adet orta boy portakalın posası
- 2 su bardağı limon suyu
- 2 su bardağı kaynar su
- 3 su bardağı şeker

Talimatlar:

a) Meyve hazırlamak için. Meyveleri yıkayıp soyun. Kabuğu ince şeritler halinde kesin. Soğuk su ekleyin ve kapalı bir tavada yumuşayana kadar pişirin (yaklaşık 30 dakika). Boşaltmak.

b) Soyulmuş meyvelerden tohumları ve zarı çıkarın. Meyveleri küçük parçalar halinde kesin.

c) Marmelat yapmak için. Kabuğu ve meyveleri kaynar su ekleyin. Şekeri ekleyin ve sık sık karıştırarak suyun kaynama noktasının 9 °F üzerinde (yaklaşık 20 dakika) hızla kaynatın. Ateşten alın; sıyırmak.

d) Üstten $\frac{1}{4}$ inç kadar sıcak, steril konserve kavanozlarına hemen dökün. Kaynar su banyosunda 5 dakika kapatın ve işleyin.

3 veya 4 yarım litrelik kavanoz yapar.

92. Kayısı-Portakal Konservesi

İçindekiler:

- 3 ½ su bardağı doğranmış süzülmüş kayısı
- 1 ½ su bardağı portakal suyu
- ½ portakalın kabuğu, rendelenmiş
- 2 yemek kaşığı limon suyu
- 3 ¼ su bardağı şeker
- ½ su bardağı kıyılmış fındık

Talimatlar:

a) Kuru kayısı hazırlamak için. Kayısıları ağzı açık 3 su bardağı suda yumuşayana kadar pişirin (yaklaşık 20 dakika); süzün ve doğrayın.

b) Konserve yapmak için. Fındık hariç tüm malzemeleri birleştirin. Suyun kaynama noktasının 9 °F üzerinde veya koyulaşana kadar sürekli karıştırarak pişirin. fındık ekleyin; iyice karıştırın. Ateşten alın; sıyırmak.

c) Üstten $\frac{1}{4}$ inç kadar sıcak, steril konserve kavanozlarına hemen dökün. Mühürleyin ve kaynar su banyosunda 5 dakika işleyin.

Yaklaşık 5 yarım litrelik kavanoz yapar.

93. Toz Pektinli Şeftali Reçeli

İçindekiler:

- 3 ½ su bardağı ezilmiş şeftali
- ½ fincan limon suyu
- 1 paket toz pektin
- 5 su bardağı şeker

Talimatlar:

a) Meyve hazırlamak için. Tamamen olgun şeftalileri ayırın ve yıkayın. Sapları, kabukları ve çukurları çıkarın. Şeftalileri ezin.

b) Reçel yapmak için. Ezilmiş şeftalileri bir su ısıtıcısına ölçün. Limon suyu ve pektin ekleyin; iyice karıştırın. Yüksek ısıya koyun ve sürekli karıştırarak, tüm yüzey üzerinde kabarcıklar oluşturacak şekilde çabucak tam bir kaynama noktasına getirin.

c) Şeker ekleyin, karıştırmaya devam edin ve tekrar tam, köpüren bir kaynamaya kadar ısıtın. 1 dakika boyunca sürekli karıştırarak sert bir şekilde kaynatın. Ateşten alın; sıyırmak.

d) Üstten $\frac{1}{4}$ inç kadar sıcak, steril konserve kavanozlarına hemen dökün. Mühürleyin ve kaynar su banyosunda 5 dakika işleyin.

Yaklaşık 6 yarım litrelik kavanoz yapar.

94. Baharatlı Yabanmersini-Şeftali Reçeli

İçindekiler:

- 4 su bardağı doğranmış veya öğütülmüş şeftali
- 4 su bardağı yaban mersini
- 2 yemek kaşığı limon suyu
- ½ su bardağı su
- 5 ½ su bardağı şeker
- ½ çay kaşığı tuz
- 1 çubuk tarçın
- ½ çay kaşığı bütün karanfil
- ¼ çay kaşığı bütün yenibahar

Talimatlar:

a) Meyve hazırlamak için. Tamamen olgun şeftalileri ayırın ve yıkayın; çukurları soyun ve çıkarın. Şeftalileri doğrayın veya öğütün.

b) Taze yaban mersini saplarını ayırın, yıkayın ve çıkarın.

c) Dondurulmuş meyveleri çözün.

d) Reçel yapmak için. Meyveleri bir su ısıtıcısına ölçün; limon suyu ve suyu ekleyin. Örtün, kaynatın ve ara sıra karıştırarak 10 dakika pişirin.

e) Şeker ve tuz ekleyin; iyice karıştırın. Tülbente bağlı baharatları ekleyin. Suyun kaynama noktasının 9 °F üzerinde veya karışım koyulaşana kadar sürekli karıştırarak hızla kaynatın.

f) Üstten $\frac{1}{4}$ inç kadar sıcak, steril konserve kavanozlarına hemen dökün. Mühürleyin ve kaynar su banyosunda 5 dakika işleyin.

6 veya 7 yarım litrelik kavanoz yapar.

95. Şeftali-Portakal Marmelatı

İçindekiler:

- 5 su bardağı doğranmış veya öğütülmüş şeftali
- 1 su bardağı doğranmış veya öğütülmüş portakal

Talimatlar:

a) 1 portakalın kabuğu, rendelenmiş 2 yemek kaşığı limon suyu 6 su bardağı şeker

b) Meyve hazırlamak için. Tamamen olgun şeftalileri ayırın ve yıkayın. Şeftalileri doğrayın veya öğütün.

c) Portakalın kabuğunu, beyaz kısmını ve çekirdeklerini çıkarın.

d) Hamuru doğrayın veya öğütün.

e) Marmelat yapmak için. Hazırlanan meyveyi bir su ısıtıcısına ölçün. Kalan malzemeleri ekleyin ve iyice karıştırın. Suyun kaynama noktasının 9 °F üzerinde veya karışım koyulaşana kadar sürekli karıştırarak hızla kaynatın. Ateşten alın; sıyırmak.

f) Üstten $\frac{1}{4}$ inç kadar sıcak, steril konserve kavanozlarına hemen dökün. Mühürleyin ve kaynar su banyosunda 5 dakika işleyin.

6 veya 7 yarım litrelik kavanoz yapar.

96. Sıvı Pektinli Ananas Reçeli

İçindekiler:

- Bir 20 ons ezilmiş ananas olabilir
- 3 yemek kaşığı limon suyu
- 3 $\frac{1}{4}$ su bardağı şeker
- $\frac{1}{2}$ şişe sıvı pektin

Talimatlar:

a) Ananas ve limon suyunu bir su ısıtıcısında birleştirin. Şeker ekleyin ve iyice karıştırın. Yüksek ısıya koyun ve sürekli karıştırarak, tüm yüzey üzerinde kabarcıklar oluşturacak şekilde çabucak tam bir kaynama noktasına getirin.

b) 1 dakika boyunca sürekli karıştırarak sert bir şekilde kaynatın.

c) Ateşten alın; pektin içinde karıştırın. Sıyırmak.

d) 5 dakika bekletin.

e) Üstten $\frac{1}{4}$ inç kadar sıcak, steril konserve kavanozlarına hemen dökün.

f) Mühürleyin ve kaynar su banyosunda 5 dakika işleyin.

4 veya 5 yarım litrelik kavanoz yapar.

97. Sıvı Pektinli Erik Jölesi

İçindekiler:

- 4 su bardağı erik suyu
- 7 ½ su bardağı şeker
- ½ şişe sıvı pektin

Talimatlar:

a) Meyve suyu hazırlamak için. Tamamen olgunlaşmış erikleri ayırın ve yıkayın ve parçalara ayırın; soymayın veya çukurlaştırmayın. Meyveleri ezin, su ekleyin, örtün ve yüksek ateşte kaynatın. Isıyı azaltın ve 10 dakika pişirin. Özü suyu.

b) Jöle yapmak için. Suyu bir su ısıtıcısına ölçün. Şekerle karıştırın. Yüksek ısıya koyun ve sürekli karıştırarak, karıştırılamayacak kadar hızlı bir şekilde tam, yuvarlanan bir kaynamaya getirin.

c) pektin ekleyin; tekrar tam, haddeleme kaynatın. 1 dakika sert kaynatın.

d) Ateşten alın; köpüğü hızla alın. Jöleyi hemen üstten $\frac{1}{4}$ inç olacak şekilde sıcak, steril konserve kavanozlarına dökün. Kaynar su banyosunda 5 dakika kapatın ve işleyin.

7 veya 8 yarım litrelik kavanoz yapar.

98. Pektin Eklenmemiş Ayva Jöle

İçindekiler:

- 3 ½ su bardağı ayva suyu
- 1/3 bardak limon suyu
- 3 su bardağı şeker

Talimatlar:

a) Meyve suyu hazırlamak için. Yaklaşık dörtte bir olgunlaşmamış ayva ve dörtte üçü tamamen olgun meyve oranını seçin. Sapları ve çiçek uçlarını ayırın, yıkayın ve çıkarın; pare veya çekirdek yapmayın. Ayvayı çok ince dilimleyin veya küçük parçalar halinde kesin.

b) Su ekleyin, örtün ve yüksek ateşte kaynatın. Isıyı azaltın ve 25 dakika pişirin. Özü suyu.

c) Jöle yapmak için. Ayva suyunu bir su ısıtıcısına ölçün. Limon suyu ve şekeri ekleyin. İyice karıştırın. Yüksek ısıda suyun kaynama noktasının 8 °F üzerinde veya jöle karışımı bir kaşıktan bir tabaka oluşturana kadar kaynatın.

d) Ateşten alın; köpüğü hızla alın. Jöleyi hemen üstten $\frac{1}{4}$ inç olacak şekilde sıcak, steril konserve kavanozlarına dökün. Mühürleyin ve kaynar su banyosunda 5 dakika işleyin.

Yaklaşık dört adet 8 onsluk kavanoz yapar.

99. Toz Pektinli Çilek Reçeli

İçindekiler:

- 5 ½ su bardağı ezilmiş çilek
- 1 paket toz pektin
- 8 su bardağı şeker

Talimatlar:

a) Meyve hazırlamak için. Tamamen olgunlaşmış çilekleri sıralayın ve yıkayın; sapları ve kapakları yeniden hareket ettirin. Çilekleri ezin.

b) Reçel yapmak için. Ezilmiş çilekleri bir su ısıtıcısına ölçün. Pektin ekleyin ve iyice karıştırın. Yüksek ısıya koyun ve sürekli karıştırarak, tüm yüzey üzerinde kabarcıklarla hızla tam bir kaynamaya getirin.

c) Şeker ekleyin, karıştırmaya devam edin ve tekrar tam, köpüren bir kaynamaya kadar ısıtın. 1 dakika boyunca sürekli karıştırarak sert bir şekilde kaynatın. Ateşten alın; sıyırmak.

d) Üstten $\frac{1}{4}$ inç kadar sıcak, steril konserve kavanozlarına hemen dökün. Mühürleyin ve kaynar su banyosunda 5 dakika işleyin.

9 veya 10 yarım litrelik kavanoz yapar.

100. Tutti-Frutti Reçeli

İçindekiler:

- 3 su bardağı doğranmış veya öğütülmüş armut
- 1 büyük portakal
- $\frac{1}{2}$ su bardağı süzülmüş ezilmiş ananas
- $\frac{1}{4}$ fincan doğranmış maraschino kirazları
- $\frac{1}{4}$ fincan limon suyu
- 1 paket toz pektin
- 5 su bardağı şeker

Talimatlar:

a) Meyve hazırlamak için. Olgun armutları sıralayın ve yıkayın; pare ve çekirdek. Armutları doğrayın veya öğütün. Portakalı soyun, tohumları çıkarın ve posayı doğrayın veya ezin.

b) Reçel yapmak için. Doğranmış armutları bir su ısıtıcısına ölçün. Portakal, ananas, kiraz ve limon suyunu ekleyin. Pektini karıştırın.

c) Yüksek ısıya koyun ve sürekli karıştırarak, tüm yüzey üzerinde kabarcıklar ile hızlı bir şekilde tam kaynamaya getirin.

d) Şeker ekleyin, karıştırmaya devam edin ve tekrar tam köpüren kaynama noktasına kadar ısıtın. 1 dakika boyunca sürekli karıştırarak sert bir şekilde kaynatın. Ateşten alın; sıyırmak.

e) Üstten $\frac{1}{4}$ inç kadar sıcak, steril konserve kavanozlarına hemen dökün. Mühürleyin ve kaynar su banyosunda 5 dakika işleyin.

6 veya 7 yarım litrelik kavanoz yapar.

f) Mühürleyin ve kaynar su banyosunda 5 dakika işleyin.

4 veya 5 yarım litrelik kavanoz yapar.

İçindekiler:

- Bir 20 ons ezilmiş ananas olabilir
- 3 yemek kaşığı limon suyu
- 3 $\frac{1}{4}$ su bardağı şeker
- $\frac{1}{2}$ şişe sıvı pektin

Talimatlar:

a) Ananas ve limon suyunu bir su ısıtıcısında birleştirin. Şeker ekleyin ve iyice karıştırın. Yüksek ısıya koyun ve sürekli karıştırarak, tüm yüzey üzerinde kabarcıklar oluşturacak şekilde çabucak tam bir kaynama noktasına getirin.

b) 1 dakika boyunca sürekli karıştırarak sert bir şekilde kaynatın.

c) Ateşten alın; pektin içinde karıştırın. Sıyırmak.

d) 5 dakika bekletin.

e) Üstten $\frac{1}{4}$ inç kadar sıcak, steril konserve kavanozlarına hemen dökün.

ÇÖZÜM

Bu yemek kitabı, evde daha güvenli ve daha kaliteli yiyeceklerin konserve edilmesi için araştırmaya dayalı birçok yeni öneri içermektedir. İlk kez yemek konservesi yapacak olanlar için paha biçilmez bir kaynak kitaptır. Deneyimli konserveciler, konserve uygulamalarını geliştirmelerine yardımcı olacak güncel bilgiler bulacaktır.

www.ingramcontent.com/pod-product-compliance
Lightning Source LLC
Chambersburg PA
CBHW070500120526
44590CB00013B/700